高素质农民培训教材

新农人
智慧与素养

广西农业广播电视学校　组织编写

王　瑶　著

广西科学技术出版社

图书在版编目（CIP）数据

新农人智慧与素养 / 王瑶著. —南宁：广西科学技术
出版社，2023.10
ISBN 978-7-5551-2057-5

Ⅰ. ①新… Ⅱ. ①王… Ⅲ. ①农民—素质教育—
中国 Ⅳ. ① D422.6

中国国家版本馆 CIP 数据核字（2023）第 187216 号

XinNongRen ZhiHui Yu SuYang

新农人智慧与素养

王 瑶 著

责任编辑：黎志海 韦秋梅　　　　　　　封面设计：梁 良
责任印制：韦文印　　　　　　　　　　　责任校对：冯 靖

出 版 人：梁 志
出版发行：广西科学技术出版社
邮政编码：530023　　　　　　　　　　　地　　址：广西南宁市东葛路66号
　　　　　　　　　　　　　　　　　　　　网　　址：http://www.gxkjs.com

经　　销：全国各地新华书店
印　　刷：广西万泰印务有限公司　　　　邮政编码：530031

开　　本：787mm×1092mm　1/16
印　　张：6.25　　　　　　　　　　　　字　　数：118千字
版　　次：2023年10月第1版　　　　　　印　　次：2023年10月第1次印刷
书　　号：ISBN 978-7-5551-2057-5
定　　价：30.00元

前　言

　　"三农"问题是党和国家最为关心的问题，是全党工作的重中之重。2021年2月，中共中央办公厅、国务院办公厅印发的《关于加快推进乡村人才振兴的意见》指出：乡村振兴，关键在人！要培养造就一支懂农业、爱农村、爱农民的"三农"工作队伍，为全面推进乡村振兴、加快农业农村现代化提供有力人才支撑。

　　在举全党全社会之力加快农业农村现代化，让广大农民过上更加美好生活的大背景下，在种养环境发生质的变化的当下，新农人的概念自提出以来，就受到人们的关注。新农人指的是以农业为创业理想，具有科学文化素质、掌握现代农业生产技能、具备一定经营管理能力，并以农业收入作为生活来源的现代农业经营者。

一、新农人

　　新农人是一个新的群体，是一个具有独立思考能力、独特个性彰显、独自价值追求的庞大群体，新农人的构成主要有三类。

　　第一类是从小生长在农村，常年外出打工的青年。他们通过多年辛苦工作积累了一定的资金，但心中仍然向往回到家乡，为自己眷恋的土地服务，于是带着新的见识、怀揣资金和梦想踏上返乡的创业之路。

　　第二类是大中专院校的少数毕业生和高学历知识分子。他们怀着改变传统种养方式、誓要农村换新貌的理想，到农村办企业、办农场。

　　第三类是部分有成就的企业家以及想在农业成就一番事业的人员。他们根据中国经济的发展走向，看好中国生态农业的发展前景，主动下乡寻找新的经济增长点，探索新的致富模式。

　　新时代呼唤新农人，时代的发展对新农人提出了新的要求，新农人的农业生产方式不再是日出而作、日落而息的小农模式，不再是零散的、原始的、小规模的耕作方式，也不仅仅是村镇集圩、地头批发、集贸市场的传统交易方式。

　　无人机播种等现代化高科技手段进行的农事操作，高技术人才、高素质团队的跨界协作与智能管理，既有利于维护生态和谐，也提高了种养和销售效率。借助互联网、物联网、观光旅游、乡村度假等市场模式的整合营销，新农人的产品销售渠道也从传统的供销社及简单的农贸市场集散地，向电子商务便民服务平台、现场直播带货等营销方式转变，不仅不愁好的农产品卖不出去，还能实现优质农产品利益的最大化！

二、新智慧

事物的发展都具有两面性，随着时代的发展、科学技术的更新，社会的精神文化、人们的认知都会相应地发生变化，人们所面临的社会矛盾、社会压力也随之发生变化。新农人需要重新认识、重新适应这一变化，需要有更好的智慧来适应现代社会的发展，进行反哺赋能，将自己所从事的农业做得更好。因此，新农人的素质提升首先在意识观念上必须有新智慧。

新智慧即迅速地正确认识、判断和发明、创造事物的能力。新智慧应包含三个层面。

第一层面是意识观念的打开。财富的积累与事业的发展很大程度上取决于人的意识边界，正所谓心有多大，舞台就有多大。

第二层面是工作和生活本身。它们是两个密不可分的部分，如果只强调工作而忽视居家生活就会产生很大的缺失，转而会极大地影响工作。新农人需要大智慧，需要回归到中华优秀传统的家道文化中，去深刻地认识这些文化对事业和人生的发展所产生的影响，因此这也是打开智慧的一个方式方法。

第三个层面是调整自己的心态。面对各种压力时，新农人需要一种新的心态，每个人的心里都装着自己的抱负、善意、勇气与和担当，而这一切和个人的智慧互为根基，心态调整到位，智慧之门自然打开，生活模式上的一些应对方法也就会随之改变，生活就会充满阳光，就会有诗和远方！

三、新胸怀

新农人需要有新胸怀。胸怀是指一个人的胸襟、气度。近年来国家的一系列惠农政策，使新农人不再受土地的束缚，不再挣扎于温饱，他们的目光不再局限于自家的一亩三分地。他们不仅有情怀，更有胸怀，情怀装的是自己的喜好，胸怀装的是整个农村的变化，甚至整个中国农业的崛起，格局放大，情怀就变成了胸怀。新农人眼界开阔，有广阔的胸怀，有大的格局，敢于"异想天开"，勇为人先。他们以一个地区或一个国家乃至整个世界的农产品为目标，通过敏锐的眼光，在国内外农产品市场碰撞过程中发现机遇，一步千里、成人之所不成，不仅成就了自己，也为祖国农业的腾飞添砖加瓦！

四、新志向

新农人都有思考、学习、接受新事物的能力和决心，他们需要树立一种新的志向。志向，是指人们将来要做什么事、要做什么样的人的意愿和决心。志向的根基是文化，中华民族有生生不息的文化传承。瑞士心理学家荣格说："一切文化将最终积淀为人格。"当代学者余秋雨认为中国人的集体人格，便是"君子"人格。而"君子"人格用北宋思想家、教育家、理学创始人之一——张载的"横渠四句"最能清晰地表达："为天地立心，为生民立命，为往圣继绝学，为万世开太平。"

新农人的新志向应是忠诚与感恩、理想与担当。忠诚于祖国和人民，感恩中国共产党的领导及一系列助农、惠农、富农政策，勇于担当，实干加巧干，造福一方水土，带旺整个家乡，为改变农村的落后面貌，为中国农业的崛起做出自己的贡献。

本书从心理学、教育学和国学的角度，通过一个个鲜活的创业致富带头人的真实案例，讲述新农人如何把自己的智慧、胸怀、志向跟农村的发展结合起来，同时，把自己的家庭和事业发展结合起来，传承中华优秀传统文化中的"仁、义、礼、智、信"五德，把自己的志向跟祖国、人民乃至整个世界的生态农业产业结合起来，实现新农人企业的发展力、营销力、影响力、变现力、增值力五大绩效的全面提升，从而开创新农人智慧而美好的幸福生活。

著 者

目录

第一章　新农人·新智慧

2023 年中央一号文件《中共中央 国务院关于做好 2023 年全面推进乡村振兴重点工作的意见》指出：全面建设社会主义现代化国家，最艰巨最繁重的任务仍然在农村。世界百年未有之大变局加速演进，我国发展进入战略机遇和风险挑战并存、不确定难预料因素增多的时期，守好"三农"基本盘至关重要、不容有失。党中央认为，必须坚持不懈把解决好"三农"问题作为全党工作重中之重，举全党全社会之力全面推进乡村振兴，加快农业农村现代化。强国必先强农，农强方能国强。要立足国情农情，体现中国特色，建设供给保障强、科技装备强、经营体系强、产业韧性强、竞争能力强的农业强国。

在世界百年未有之大变局加速演进的背景下，如何立足国情农情，体现中国特色，建设供给保障强、科技装备强、经营体系强、产业韧性强、竞争能力强的农业强国，这就需要新农人开启新的智慧。

第一节　智慧边界

新农人的新智慧从何而得？智慧不是凭空产生的，中国五千多年博大精深的传统文化就蕴涵着巨大的智慧。

一、新智慧，源于意识边界的打开

置身大千世界，人们都希望财富自由、事业有成、家庭幸福、人生圆满，但所有的这些美好愿望能否实现，都由自己的意识决定，人的意识到了哪个维度，他的愿望就在哪个维度呈现。这就是"人永远挣不到意识边界以外的钱，人也永远追求不到意识边界以外的幸福"。

所有人的智慧都具有一个意识边界。人得不到意识边界以外的东西，是因为那些东西被人的意识边界给锁住了。那么，怎么去寻找新的智慧，打开这个智慧的宝库？关键的方法就是不断突破自己的意识边界。

一位智者揭示的一个基本公式，也是一个基本公理。

一个人永远赚不到超出他认知范围的钱。

一个人所赚的每一分钱，都是他对这个世界认知的变现。

一个人所亏的每一分钱，都反映了他对这个世界认知的缺陷。

一个人的财富边界，取决于他的认知边界。

把上面的钱，换成事业、换成家庭、换成情感、换成幸福、换成人生的一切，这个公式，或者说是公理，都成立。

人的认知，是其安身立命的本钱。人的一生，自身的认知在不断地变化。认知越宽广、越高明、越深远、越深刻，人生相应的也会越有胸怀、越有格局、越有智慧、越有成就；反之，认知越狭隘、越低暗、越短浅、越犹疑，人生相应的也会越多波折、越多磨难、越多挫败、越多迷惑。

新农人梁巧恩打开意识边界，创造美好人生的真实故事就是新农人新智慧的典型案例。意识边界的打开不仅成就了梁巧恩的个人事业，也帮助当地妇女实现了"在家就能把钱赚到手"的梦想，为减少留守儿童、维护家庭稳定、共建和谐社会做出了贡献！

【案例一】"茉莉"巧娘梁巧恩　芳香经济点燃创业梦

（一）异乡创业，做大做强茉莉花龙井茶产业

梁巧恩出生于浙江新昌产茶区回山镇，深受茶文化的影响。2006 年，作为一名音乐老师的她因一首《茉莉花》千里迢迢来到广西横县（现横州市）。在清新淡雅的茉莉花香中，她爱上了这片芬芳的土地，当即决定为故乡龙井茶与这醉人的茉莉花做媒。

梁巧恩在田间采摘茉莉花

2007 年，她想用家乡浙江绍兴市的大佛龙井茶，结合横县茉莉花制作出一款高端茉莉花龙井茶。这一想法最初被业内人士劝阻，他们认为不可能，技术上

很难实现，也无前人经验。但是，从小就敢闯敢干的梁巧恩却铁了心，想要成为第一个"吃螃蟹"的人。在试制过程中，她碰到的第一个难关就是窨花问题。花茶窨制的基本原理是将鲜花与茶叶拌和，利用鲜花吐香和茶叶吸香两个过程制作出来的。龙井茶是干茶，在窨花过程中如何解决这"一吐一吸"的技术难题，如何既能保持龙井的翠绿，又能保证花香的清雅，在研发茉莉花龙井茶那几年，梁巧恩的大脑里都惦记着这两样东西，一有空就研究两者的特点。

两年多的时间，梁巧恩烤焦了无数龙井茶、茉莉花，甚至还烤坏了好几台机器。周边的人纷纷看她的笑话，有些熟一点的朋友劝她别瞎折腾了，这事容易的话还轮得到她一个小姑娘来做吗。梁巧恩对那些风言风语置之不理，她心里想：老家那么好的大佛龙井茶，如果能和横县那么好的茉莉花结合，制成高端的茉莉花龙井茶，那对这两个地方的发展都是一件莫大的好事，不管多难，她都要坚持。2009 年，她终于制作出了茉莉花龙井茶，用家乡的高级龙井茶窨制茉莉花，把龙井茶的茶香和茉莉花的花香有机融合在一起。

经过两年不断改进，2011 年梁巧恩通过创新龙井茶茶胚，利用花与茶"一吸一纳"的特点，实现花香与茶香的绝妙结合，制成一款高级花茶。茉莉花龙井茶色泽翠绿、花香怡人、甘甜醇厚，既有龙井茶香郁、形美，又饱含茉莉花的清雅芬芳，征服了一拨又一拨客人，成为消费者眼中一款高端花茶，专销往北京、上海等地。特级茶叶售价为 14400 元 / 千克，普通茶叶售价为 6000 元 / 千克。同年，梁巧恩成立了广西巧恩茶业有限公司，"巧恩"牌茉莉花龙井茶的企业生产标准（标准号：Q/QECY 001S—2017）成为国内首家提供茉莉花龙井茶标准的生产商，这款茶的制备方法于 2012 年获得国家发明专利。

（二）打造茉莉花全产业链，"芳香经济"扮靓美丽乡村

茉莉花的季节性很强，单靠茉莉花龙井茶还是不足以帮助当地的花农。花农们采完当季的茉莉花之后便没有了其他收入来源，如何让花农一年四季都有收入，成了梁巧恩新的目标。正巧文化创意产业在英国兴起之后，很快成为全球经济增长新亮点和经济发展巨大引擎！这让梁巧恩的思路开阔，她萌发了将文化创意融入茉莉花茶中。她立即带领公司团队成员研发茉莉花香包、茉莉花香枕、茉莉花香皂等文化创意产品。

团队的成员一部分是来自农村的有志青年，一部分是毕业于高等院校的高学历人才。他们发挥当地得天独厚的茉莉花产业资源优势，几年来，公司研发了四大类 70 多款茉莉花产品，如精油护肤、香氛、文创、花茶等，承接了花艺、会务、文旅、研学等服务，形成了茉莉花全产业链。产品在中国－东盟博览会展出，

吸引众多采购商和消费者。2016 年，公司接到了山东、山西等地，以及泰国、马来西亚等国外地区近百万元的文化创意产品订单。2017 年，公司茉莉花文化创意园手工艺品销售额达 632 万元！茉莉花香包、茉莉花香枕于 2019 年获得"第三届广西农村创业创新大赛一等奖"等荣誉。

梁巧恩带领村里的妇女们编织茉莉花手工制品

　　农产品市场缺乏的不是资金、技术、设备，而是想象力！在制作出茉莉花茶系列产品后，梁巧恩在下乡调查中发现，农村不少上了年纪的妇女因为需要照顾家庭，不想离开家乡到外地打工赚钱。为了让更多妇女能参与产品制作，她将茉莉花香包分包给农村妇女，让她们在农闲时可以缝制香包而获得收入。梁巧恩与公司培训老师进村入户，将材料和技术带给农村妇女，耐心地给她们培训缝制香包的技术，利用"订单＋公司＋农户"的模式进行来料加工，让周边村屯的妇女足不出户就能实现赚钱的愿望。通过这个方式，公司带动当地妇女加入到文化创意产品生产制作中，引导她们走产业化、专业化、组织化的发展道路，推动形成了产供销一体化的产业链。

梁巧恩给周边村屯妇女培训茉莉花香包制作

　　每年培训 120 名农村妇女成为致富带头人，每年为 100 名农村妇女提供信息、技术等服务。梁巧恩的茉莉花香包系列手工制作项目，不仅让农村妇女得到实惠，也吸收了城里的富余劳动力。她采用"公司＋妇女"的模式，通过南宁市妇女联合会"壮乡巧娘"工作站统一培训手工缝制技术，将公司的茉莉花香包分给城里富余劳动力进行手工制作，这些经过培训的妇女很快就掌握了这门手工，并通过缝制香包获得收入。居民蒙枝珍说，她是 2017 年 8 月开始缝制香包的，工作轻松又有意思。她一天能做 200 来个，一天能挣六七十元钱，一个月也有将近 2000 元的收入。一分付出一分收获，2017 年，梁巧恩荣获中国红十字会扶贫大赛全国二等奖和优秀脱贫带头人称号。2019 年，梁巧恩荣获全国妇女手工创业创新大赛银奖。

梁巧恩的团队荣获各大奖项

（三）创新传承，为传统文化增添活力

为了更好地推广茉莉花产品，梁巧恩积极拓展电子商贸销售平台，不断开展网上洽谈、网上签约、网上招商，积极开拓国际、国内市场，借助"互联网＋"新模式，促进文创产品的衍生与输出。

2020年上半年，新冠病毒感染的肺炎疫情发生后，素有全国第一桑蚕小镇的横县云表镇桑蚕出口量下降，农民辛苦养殖的桑蚕蚕茧滞销。梁巧恩公司的业绩也一落千丈，但她既不裁员也不减薪，开始了新的研发。她利用蚕茧为元素，弘扬丝绸传统文化，传承手工技艺，通过创新技术的方式来制作蚕茧手工艺品，先后研制出蚕茧发簪、蚕茧摆件、蚕茧胸针、蚕茧绣球、蚕茧簸箕画、蚕茧团扇等手工产品，并发动全体员工开拓新销售渠道，运用短视频、直播等新媒体提升业绩，开展线上手工课程教学，实现跨空间一对一培训，最大程度实现复工复产，带动300名妇女利用蚕茧、茉莉花枝等基础材料，制作出一幅幅蚕茧茉莉花工艺品，以此来增加收入，渡过难关。在大家共同努力下，公司顺利渡过了难关。而不少务农妇女也掌握了手工艺的制作技艺，增加了收入。

梁巧恩团队制作的茉莉花工艺品、饰品

2020～2021年，梁巧恩带领公司员工组建了横州市"巧娘之家"志愿服务中心，充分发挥企业"壮乡巧娘"平台优势，帮助妇女实现"在家就能把钱赚到手"的梦想。团队在横州市各乡镇开展了近100场公益培训，上万名妇女掌握了一技之长，也间接提升了茉莉花种植户的综合收益，600多名农村贫困妇女及家庭直接参与到妇女居家灵活就业的岗位上，年收入增加2000元以上。2020年梁巧恩荣获全国青年志愿服务项目大赛金奖，2021年荣获广西"三八"红旗手称号。

梁巧恩的成功，得益于她敢于打破意识边界，勤于思考，勇于创新，她的认知宽广、高明、深远，她的新智慧成就了她崭新的人生。

二、人的认知，就是其意识边界

人的意识边界，是其获得财富的边界，是其成就功名的边界，是其婚姻幸福的边界，也是其生命智慧的边界！

因此，人若想获得越来越多的财富、越来越大的成就、越来越幸福的情感，越来越通透的人生，乃至越来越高的境界，关键的方法就是要不断去突破自己的意识边界，不断去获取意识边界以外的更大的智慧。

三、破所知障，才能看见奇迹

每个人的意识边界，是框住自身的意识框，是自身的所知障！

突破自己的意识边界，是为破所知障。绝大多数人都认为，脚踩在烧着的炭火上会被烫伤，因此不能光着脚踩炭火，这也是人形成的意识边界。但是，到广西来宾市金秀瑶族自治县旅游观光的人，跟着瑶族人过火海，即光着脚丫，在一条铺满了燃烧着的炭火上走过去，脚却没被烫伤。越来越多的游客真正地过了一次火海，才知道真有脚踩炭火而不被烫伤的事情存在！这时，他原先形成的那个"脚踩在烧着的炭火上会被烫伤"的意识边界就被突破了。

我们所知道的、所认为的是这样的，在我们脑子里形成固有的观念，就是我们的所知。我们往往只相信我们知道的，很多不知道的存在我们很难相信。这时，我们的所知就形成了意识边界，也形成了探寻、发现、触碰新事物和新世界的障碍，这就是所知障！

马云曾说过：有些人，看见了，才相信；而有些人，因为相信，所以看到了。他和他的创业团队，就属于后者。

人的意识边界被突破了，也就是他的所知障被突破了一次。

【案例二】唐新全的"跳出水稻种水稻"

唐新全于2009年回家乡种田，2011～2018年，他先后被评为全国种粮大户、广西科学发展钱粮双增标兵农户，2011年度广西农村科学致富科学种植模范，2012年荣获广西优秀共产党员、桂林市十大先锋人物、桂林市劳动模范等荣誉称号，国务院还奖励了他一台"东方红"拖拉机，2012～2015年连续4年被评为全区种粮大户，2015年被评为雷沃杯全国20佳农机合作社理事长、全国优秀农民。2014年，唐新全的农业基地被评为桂林市兴安县全新水稻全程机械化示范基地，让很多农民从中受益，解决晒谷难的问题。2018年，唐新全名下的全新农机专业合作社被农业农村部评为国家农民合作社示范社，他基地的零工高达一万余人次，带领乡民们脱贫致富。

众所周知，水稻育秧多数使用稻田里的泥土或塘泥，可唐新全发现用这两种土育的秧苗，半个月内容易感染立枯病。他试着突破寻常，从山上取土育秧，发现山坡土育秧的出芽率很好，但还需要不断改进。唐新全通过自己的努力，在当地农业部门的指导和帮助下，充分利用本地资源，研究出"山坡土＋食用菌废料＋壮秧剂"的育秧配方，解决了工厂化育秧取土难的问题。

眼界决定境界，境界决定成就。2014～2015年，唐新全参加了兴安县第一批新型职业农民培训、广西现代青年农场主第一期培训，极大地开阔眼界，拓宽了思路，吸取了经验。他深刻认识到想要种好水稻，必须"跳出水稻种水稻"。他看到台湾的"掌生谷粒"水稻，卖的虽是稻米，但感受到的却是浓浓的文化气息——他们用台湾少数民族纺织特色花布做包装材质，配上紫藤手柄，以绵纸及传统书法文字做产品标签，十分古朴自然，有内涵，让人产生购买欲。

唐新全和他的稻田及鱼稻香米

唐新全想起自己家乡桂林市兴安县历史悠久，文化底蕴深厚，应结合家乡的历史文化特点，搞文化创意农业！他开始由高产稻生产转向优质稻生产，如采用鱼稻共生模式生产优质稻、用赤眼蜂预防水稻钻心虫、在稻田养鱼消灭稻飞虱、用生物防控代替农药杀虫等。2018年，中央广播电视台《农广天地》栏目摄制组赶赴兴安，专门拍摄报道他的种粮故事。2020年，他的基地开始申报绿色产品认证。

这就是唐新全突破自己的意识边界，不断获取意识边界以外的更大智慧，取得成功的真实故事！

四、意识边界的五个维度

　　人的意识边界是怎么形成的？

　　人的身体，由眼、耳、鼻、舌、身构成第一个意识维度：感知系统，对应生命机体先天带来的信息收集系统，内含着收集外界信息的工作机制。感知系统是身意识系统，也称感知模式。

　　人的大脑，由识、忆、思、念、想构成第二个意识维度：认知系统，对应生命机体先天带来的思维系统，内含着将所收集的外界信息进行处理的工作机制。认知系统是人的脑意识系统，是心理学所指的意识系统，也称认知模式。

　　人的性情，由爱、乐、恶、欲、惧构成第三个意识维度：觉知系统，对应生命机体先天带来的情绪系统，内含着情绪系统对外界境遇进行反应的工作机制。觉知系统是心意识系统，对应的是心理学所指的前意识系统，也称觉知模式。

　　人的心志，由神、魂、意、志、魄构成第四个意识维度：灵性系统，对应生命机体先天带来的引领系统，内含着精神系统对外界境遇进行干预的工作机制。灵性系统对应心理学的潜意识系统。

　　人的品性，由仁、义、礼、智、信构成第五个意识维度：品性系统，对应生命机体先天带来的人格系统，内含着天性系统对外界境遇进行影响的工作机制。品性系统是性意识系统（即德意识系统），对应心理学的无意识系统。

　　以上五大意识系统，逐级递进，每个系统都有自己的局限，也就是每个意识系统都有自己的意识边界。

　　事情的起源都是先由想法开始的，想法越明确、行动越快，达成目标的速度就越快。身心意识的根本由眼、耳、鼻、舌、身、意组成，而潜意识则是意识根本下的原始庞大意识的储藏，其包含的内容比人一生的记忆要大得多。

　　潜意识无法分辨事情的真假，它只会依人心中所想的画面构成事物。

　　心理学家和精神病专家研究指出，当想法传递给潜意识时，在大脑的细胞中会留下痕迹，它会立刻去执行这些想法。为达到目的，潜意识会利用以往头脑中的所有经验和记忆，萌生出无穷的力量和智慧尽快解决问题，虽然时间长短不一，但问题终会被解决。

　　瑜伽冥想是身心意识与潜意识的转化！

　　瑜伽通过静坐冥想，调身、调息、调心，进行思维调整，人的习惯性思维就会渗入到潜意识层，它可以有效地开发潜意识的强大功能，不仅能够改变人的身心气质与思想意识，而且能够令人处在一种喜悦和谐状态里。在这种状态下，关注头脑意识思维系统，很多想法和念头浮现得更清晰。

不停地做这样的练习，直至清净无念头，扫除杂念妄想，心和脑都得到放松和净化，此时人平常养成的惯性思维会进入潜意识，也养成了定力和静力，这就是改变自己身心气质与思想意识的过程。

重复坚持练习一段时间，头脑和身心进入禅定的速度越来越快，即可开始冥想和憧憬一些美好的愿望，用脑电波发送自己正向积极的念头和想法，与之同频共振的事物就会吸引而至。前世界首富钢铁大王卡内基在他的《成功之路》一书中曾写道："每天念着他的目标1000次以上。"

在笔者培训的新农人里也有瑜伽练习者，通过这种方法实现身心意识与潜意识的转化，获得新的智慧。

第二节　智慧之门

2021年，党的十九届五中全会审议通过《中共中央关于制定国民经济和社会发展第十四个五年规划和二〇三五年远景目标的建议》，总体部署了新发展阶段优先发展农业农村、全面推进乡村振兴，为做好当前和今后一个时期"三农"工作指明了方向。

新农人要高瞻远瞩，站在国家的角度和立场看农业，拓宽自己的格局和视野，提高自身的意识层级和能量水平，用自己的实际行动助力乡村振兴和农业发展。

一、新智慧，本自具足

在东方宇宙全息文化中，身意识、脑意识、心意识、神意识、德意识五大意识系统构成了全息意识，以上每个系统既有自己的边界，也有自我管理、自我修复、自我控制、自我再生的自觉能力，这种能力是生命本自具足的智慧！

因此，五大意识系统也正是每个人都有的五大智慧系统。

打开智慧之门，其实就是突破每个层级的意识系统的意识边界。

人们通常所说的心智模式便是以上五大意识系统，在长期的生命活动过程中，相互联通融汇所形成的心理反应机制。因此在心理学的社会实践中，心智模式是大家都普遍接受，也经常使用的术语。但因为对其内在的系统构成缺乏了解，对意识系统的递进层级概念模糊，对每一层级的意识边界更是知之甚少，心智模式的应用效果往往差强人意。

二、意识境界决定能量层级

现在常说要大力弘扬正能量的人和事。有研究认为，宇宙间万物的本质是能量。一切事物都靠能量的转变而运行。爱因斯坦的质能方程式也说明，物质就是能量。著名的心理学专家霍金斯的能量层级图揭示了人的能量层级，与其心理、意识层级一一对应的规律。按照霍金斯的能量层级划分，100 分的能量层级对应恐惧、焦虑的心理意识状态，200 分的能量级对应勇气的心理意识状态，310 分的能量层级对应主动乐观的心理意识状态。

一个人的能量层级决定了意识层级，也决定了一个人的格局和境界，格局小的人看到的都是问题，格局大的人看到的都是办法。

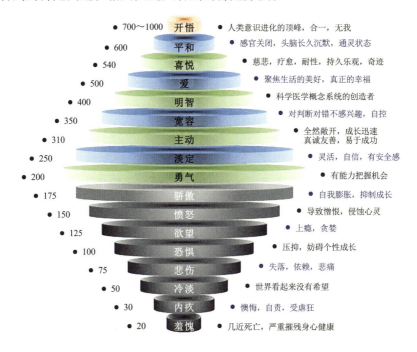

能量级	层级	描述
700～1000	开悟	人类意识进化的顶峰，合一，无我
600	平和	感官关闭，头脑长久沉默，通灵状态
540	喜悦	慈悲，疗愈，耐性，持久乐观，奇迹
500	爱	聚焦生活的美好，真正的幸福
400	明智	科学医学概念系统的创造者
350	宽容	对判断对错不感兴趣，自控
310	主动	全然敞开，成长迅速 真诚友善，易于成功
250	淡定	灵活，自信，有安全感
200	勇气	有能力把握机会
175	骄傲	自我膨胀，抑制成长
150	愤怒	导致憎恨，侵蚀心灵
125	欲望	上瘾，贪婪
100	恐惧	压抑，妨碍个性成长
75	悲伤	失落，依赖，悲痛
50	冷淡	世界看起来没有希望
30	内疚	懊悔，自责，受虐狂
20	羞愧	几近死亡，严重摧残身心健康

霍金斯的能量层级图

格局指一个人对事物的认知范围，也指个人的胸襟、眼界、胆识等心理要素，也就是常说的思想高度、精神高度。

格局也跟个人所处的高度和视角有关。曾国藩说："谋大事者，首重格局。"想要做大事，首先就要有胸襟、有格局；一个人的眼界与心胸决定了他人生的高度。

【案例三】谢忠白的小香猪大格局

谢忠白与合作伙伴于 2012 年 10 月注册成立了广西融水天源生态农业综合开发有限公司，在他的带领下，经过几年的发展，公司的黑香猪养殖场产量丰厚，年产值丰硕，是颇具规模的黑香猪养殖场。2016 年，公司与广西农业科学院园艺研究所合作成立融水苗族自治县高山果树实验站，形成"黑香猪—高山果树"循环农业经济。2017 年，公司被评为柳州市农业产业化重点龙头企业。2019 年底，猪苗销售收入 100 多万元，被评为广西扶贫龙头企业。

创业初期，谢忠白与合作伙伴在融水苗族自治县怀宝镇东水村太阳山上流转承包了 600 亩土地。万事开头难，而且现实更难。这块土地没有通公路，难以运输物资，但为了当地经济的发展，谢忠白和伙伴们答应东水村村委，先修路！6公里的路，花去了上百万资金，但为了村民的利益和公司基地的建设，他无怨无悔。

创业时，谢忠养殖黑色香猪的商机很快变成危机，因缺乏养殖黑香猪的经验，加上养猪场选址海拔高、温差大，黑香猪猪苗进场 4 天开始感冒，后发展为哮喘，陆续死亡，几个月后死掉了一半，后续养殖的黑香猪也陆续死亡，让他陷入迷茫和痛苦。但他没有因此被击垮，他一边上网查资料，一边拜师学习，向村里有经验的老人请教，终于找到治疗药方。结合季节和天气变化，他改变饲喂方式，坚持防疫接种，严格按时消毒，猪病大大减少。"问题"变成了长经验的"风景"，他养殖的黑香猪，成功躲过 2019 年的猪瘟，产量稳步增高，收益颇丰。

近几年，谢忠白和伙伴们又遇到一个烦恼，在人人喊减肥的年代，黑香猪的膘肥让大家望而止步。谢忠白思索要养出瘦肉型的融水黑香猪，他说服合作伙伴，大胆尝试做繁殖实验，瘦肉率大大提高了！这款瘦肉型的黑香猪深受城市消费者的喜爱。谢忠白再接再厉，他根据不同的消费人群，针对性地养殖不同需求的猪肉产品，赢得不同的市场！

此外，谢忠白还利用融水山地资源，充分利用养猪产生的粪便修建沼气池，在养猪场旁边修建了高山果树实验基地，形成"黑香猪—高山果树"循环农业经济，在各乡镇也建立了实验分站，特色种植也取得了不错的成绩。他还利用当地的水资源养殖台湾泥鳅，并卖得了好价钱。这些年，他利用果树种植和黑香猪、泥鳅养殖等项目带动了东水村发展，很多村民跟他合作项目，脱贫致富！

谢忠白和他的黑香猪

吃青菜的黑香猪

谢忠白的黑香猪养殖基地很重视疫情防控，且远离城镇，未受到太大影响。2019 年，基地存栏黑香猪种猪 200 头，年产仔猪 4000 多头，到了年底，每头猪苗售价 1000～1200 元，总收入 100 多万元。2019 年，公司的黑香猪猪苗一直供不应求，订单交付期已排到 2020 年 7 月底。经过 6 年多的学习、实践、总结，谢忠白与伙伴们探索出了整套行之有效的黑香猪养殖技术。

谢忠白遇到困难并不退缩，而是把问题看成动力，他积极学习、参加培训，更新观念，拓宽思路。值得敬佩和学习的是，他为自己家乡农业振兴做出贡献，带领乡民们通过农业致富，积极响应国家的号召，用实际行动助力乡村振兴！

三、意识层级的逐级投射

人的意识的五个层级是由深出浅，一层一层地投射而成的。银幕上的像，相当于身意识；形成像的投影源，在投影机的底片上，相当于脑意识；为什么要投射出来，相当于心意识；投射的内容，相当于神意识；而投射内容的品质，则相当于德意识。

也就是说，身意识能够感知各种现象界面的存在，但是不知道这些现象是如何呈现在面前的；脑意识，知道现象来源于哪里，但不知道这些现象为什么会呈现在面前；心意识能够知道现象为什么会呈现，但不知道这些现象为什么会是这样的内容；神意识知道为什么会是这样的内容，但不知道这些内容为什么会是这样的品质；只有德意识才知道这些内容为什么会是这样的品质。

被誉为"杂交水稻之父"的袁隆平，是"共和国勋章"获得者，是共和国最不平凡的农民。袁隆平出生于 1930 年，那是一个很多人都吃不饱饭的年代。"国家兴亡，匹夫有责""民以食为天，食以粮为先"。一颗幼小的种子埋在袁隆平的心底，他立志长大后，要做一个为农业事业奋斗终生的人。这种厚德大爱一直根植在他的意识里。1996 年 9 月，袁隆平参加中国科技十杰表彰大会，发表了题为"攀登杂交水稻研究新高峰，解决中国人吃饭问题是我的毕生追求"的演讲。正如演讲的核心内容，为解决中国人吃饭问题，袁老贡献了毕生的精力。他从事杂交水稻研究超过半个世纪。60 多年来，他始终在农业科研第一线，矢志不渝、不畏艰难、辛勤耕耘、不懈探索，发明了"三系法"籼型杂交水稻，研究出"二系法"杂交水稻，创建了超级杂交稻技术体系。这些技术推广应用后，不仅解决了中国粮食自给难题，也为世界粮食安全做出了杰出贡献。胸怀祖国，德行天下的袁隆平是新农人们不可忘却的榜样！

四、登楼，遇见高一级智慧

五大意识系统所具有的自我管理、自我修复、自我控制、自我再生的自觉能力，就是每个人都拥有的生命本自具足的五大智慧系统。五大意识系统的逐级深入，意味着意识边界不断被突破，智慧逐级提升。如果把意识系统比作一栋五层的楼，那么每一层有不同的视野范围，代表一级意识界面，拥有这一级的智慧。

开启智慧的方式，就是突破低级的意识边界，进入高级的意识界面，获得更高一级意识界面的智慧。就像登楼，登高一层，视野范围就会大一些。知道的真相多一些，智慧就会更大一些。

2021年6月，为贯彻落实2021年中央一号文件精神和《国务院关于促进乡村产业振兴的指导意见》（国发〔2019〕12号）要求，加快培育发展农业全产业链，农业农村部发布了《关于加快农业全产业链培育发展的指导意见》，要求紧紧围绕"保供固安全、振兴畅循环"，以完善利益联结机制为纽带，推进延链、补链、壮链、优链，从抓生产到抓链条、从抓产品到抓产业、从抓环节到抓体系转变，贯通产加销、融合农文旅，拓展乡村多种功能，拓展产业增值增效空间，打造一批创新能力强、产业链条全、绿色底色足、安全可控制、联农带农紧的农业全产业链，为乡村全面振兴和农业农村现代化提供支撑。

【案例四】谢伟平步步高升的"喜羊羊"产业

谢伟平于2014年投资建设的广西河池市大化县满地畜牧有限公司种羊场，是大化县第一家种羊场。经过7年发展，她的种羊场已发展为一家现代化种羊企业，被评为广西肉羊生态养殖五星级示范场、广西区级标准化示范场、广西畜牧研究所重大专项课题实施单位。2019年，谢伟平与政府共建4个养羊扶贫车间，新的山羊品种惠及大化县16个乡镇1.2万户农户；同年6月，谢伟平被聘为南宁师范大学农村发展研究与培训中心的创业导师。

谢伟平发现，大化发展山羊养殖，面临养殖方式粗放、缺乏养殖技术和缺乏防疫措施这"三座大山"。首先，她改变以往的养殖方式，采用半圈养半放养的模式，训练一只领头羊带领羊群上午上山锻炼和觅食，中午回圈，下午或晚上补饲，提高羊群免疫力。其次，她及时通过微信群、电话、短信通知农户给羊群打疫苗预防羊痘。目前，谢伟平给乡亲们带来了新的养殖模式、养殖技术、疫病防控技术，为大化山羊产业的发展奠定了很好的基础。

2014年，谢伟平团队研发养殖红枣富硒羊，2018年生产羊肉罐头，均受到前所未有的欢迎。她还用羊粪种象草，象草喂羊，资源循环利用。利用羊粪种植的砂糖橘、沃柑、红心蜜柚，个头大、色泽好、味道清甜。谢伟平的养羊场惠及周边很多果园。

谢伟平循环利用资源就是突破低级的意识边界，进入高级的意识界面，获得更高一级意识界面智慧的成功案例。在此基础上，谢伟平又开展了一个全新的智慧创新项目，"最初的想法是在羊场稳步运行后，打造'鱼羊鲜'大化这两个地理标志保护产品。"她说道。

谢伟平所在公司的"鱼羊鲜"基地

顺应广西壮族自治区农业农村厅关于农业科技护春耕工作的部署，广西水产科学研究院和广西水产畜牧学校科技特派员等5人来到谢伟平所在的公司——大化县广西宏桂渔业有限公司和广西盛唐渔业有限责任公司开展科技下乡服务活动。广西宏桂渔业有限公司主要进行工厂化循环水养殖加州鲈，并进行苗种培育。培育的加州鲈鱼苗种100万尾，长势良好，2021年4月初生长到九朝规格后上市销售。2022年4月开始引进中山大学林浩然院士团队研发的国审新品种"鼎鳜1号"，该鱼全雌率高达97%，生长速度比传统的加州鲈快20%左右。广西盛唐渔业有限责任公司目前主要进行黄颡鱼"黄优10号"新品种陆基圆池高密度循环水养殖。

工厂化循环水养殖是集中多种设施、设备，运用多种技术手段，使水产品处于一个相对被控制的生活环境中，处在较高强度的生产状态下，具有生产效率高、占地面积少的特点。

工厂化循环水养殖的实质是养殖生产的工业化，生产过程可控。其优点一是用水量少，可利用较低质的水源，对水资源要求较低；二是占地少，对土地资源的要求低；三是养殖密度高，单位耗水少产量大；四是易于控制生长环境，鱼类（以及其他养殖种类）生长速度快，生长周期短；五是饲料利用率高；六是水循环利用的系数高；七是排放的废水废物少，能集中处理，对环境无压力或压力很小；八是不受外界气候的影响，可实现常年生产。

谢伟平的工厂化循环水养殖基地

采用陆基设施发展工厂化循环水养殖，一是能有效解决广西大石山区山多地少而制约渔业生产发展的问题。二是加快乡村振兴中渔业结构调整，能增加农民收入。通过建设示范点，带动当地农民因地制宜做精做细自己小规模陆基设施工厂化循环水养殖，有利于巩固脱贫攻坚成果，让广大农民返乡创业安得下心来，为乡村振兴注入产业力量。三是铸造广西渔业进入市场的核心竞争力。随着人民生活水平的提高和健康意识的增强，对餐桌上高品质食材的要求也越来越高，陆

循环水养殖基地内部

基设施工厂化循环水养殖，在受控条件下，成鱼无污染、无土腥味，口感好、品质佳，能满足部分居民对稳定性质水产品的需求。四是有利于提高水资源的利用和促进生态环境的保护。淡水资源的短缺与匮乏制约我国的西部及北方大部分地区的发展，因此要提高对水资源的利用率。陆基设施工厂化循环水养殖工艺流程，对水资源的循环利用和生态环境起到保护作用。

谢伟平将羊肉产业扩宽，做成鱼羊鲜产业，既创新了养殖方式，又带动了大化县的特色农业发展。

第三节 智慧空间

心理学中说，人的行为和处事方式都取决于意识。中国儒释道文化表明，身心气脉主导人意识层面的智慧，主要是通过眼耳鼻舌身意去经历、去体会，加上文化修养累积起来所形成的一些固定的观念。这些观念形成了意识的各种边界。所谓边界，就是一个人已经形成的固有观念，当另一个观念跟固有观念不相合，就很难同意这个观念，这个观念就超出了意识边界。因此要加深自身认知的厚度，拓宽认知的广度，这也是"读万卷书不如行万里路，行万里路不如阅人无数，阅人无数不如名师指路"的智慧总结。

智慧开启，可以分三个层次，每个层次都有一个门，打开门，即见智慧！"开门"的方法，就是换时空角、换意识框、换内心码。

一、换时空角

让认知博也、厚也，这是身、脑意识层面的扩展和突破！

新农人想要打造具有生命力的循环产业，必须跳出思维框架，放大、放宽、放远来看问题，即跳出时空角的局限。

"时空角"是时间、空间和角度。很多问题会随着时间、空间、角度的变化而发生改变。对于一件事情想不通，就是看问题的框架没有随着时空角的变化而改变；也有很多问题，只要改变时间、空间、角度就会发现新资源，找到新方法。如果被困住，找不到出路，就是寻找解决问题的思维没有转换。可以说，任何解决不了的问题、困惑，任何打不开的结，都可以尝试通过转换时空角来解决。

时空角理论，能让人的思维从点性思维、线性思维、面性思维变成立体化思维，这是想通问题、找到破解方法的根本，也是生发智慧的根本。空间和时间也是人类文明中一些古老的概念。远古时期原始的耕作、放牧需要丈量大地、顺应天时，产生了简单的空间和时间的概念及其度量方法。在中国古代，早就有"上下四方曰宇，往古来今曰宙"之说，这里的"宇"和"宙"就是空间和时间的概念。这也是原始的三维空间和一维时间的概念，并和宇宙密切联系起来。

大多数人只把现有的条件作为资源，还要面临激烈的竞争，这是受到了时空角的限制。新农人做农业又何尝不是如此。有些农商老板的公司遇到问题，就窝在公司里琢磨，和下属反复开会探讨。其实，公司出了问题，只有把思维框架放大，外边的资源才能涌入，否则，困守其中，也于事无补。

【案例五】巧换时空角，陈广育解开养螺难题

2016 年，陈广育成立广西育运农业开发有限公司，投资养殖田螺，他研究出了自己的鱼螺混养模式，收益很高。广西育运农业开发有限公司是国家级水产

健康养殖示范场，其创新利用集装箱养鱼，鱼螺混养，以立体循环养殖的模式，为玉林市设施渔业创出一个新样板。2017年，公司旗下的陆川县米场呌可养殖专业合作社被评为自治区级示范社；同年，成功注册"螺多多"商标。养基地面积500多亩，主要从事集装箱鱼类养殖和香水柠檬、砂糖橘种植等，运用生态环保的方式进行农业种养，打造出原生态的安全食品，2021年12月获得广西壮族自治区农业农村厅颁发的无公害农产品证书。

陈广育的养鱼池投入鱼苗

创业初期，养的螺死亡率很高，事业一直不见起色，陈广育失去了信心，开始把螺塘的活水拦截掉，放养草鱼、大头鱼等，几个月后却捞到很多发亮、肉厚、光滑的田螺。他请教了广西水产科学研究院的专家文露婷，出现这种情况的原因是水塘养鱼后水体肥沃、浑浊，阳光无法直射到水层深处，青苔不易生长，而投放的饲料被鱼吃光不残留，水质不腐败。

真是歪打正着。此后陈广育打了个时空差，扬长避短，用鱼螺混养的模式，解决了螺的产量和质量问题！草鱼吃草，排出的粪便是肥水原料，肥水产生浮游生物，是田螺的好食物；鳙鱼、鲮鱼又是清水塘的好品种，预防水体不洁导致长草、长青苔而引发的田螺红虫病等疾病。

山泉水注入集装箱，利用先进设备控制养殖环境，实施科学精准养鱼，排出的尾水可以养殖田螺。鱼螺混养，还可以种植水稻、生物浮床等，经过生物净化的水又可以循环利用。连片的池塘和连排的集装箱组成一个高密度、高效的养殖基地。陈广育探索出了一条现代农业发展的新路，他说："跟传统鱼塘相比，集装箱养鱼杜绝了淤泥、不利物质、药物残留，增加了养殖密度，一个集装箱能养1000条鱼左右，相当于一两亩传统鱼塘的产量。"

　　利用集装箱高密度养鱼，采用先进的水处理技术和增氧技术，可以实现水环境和条件的有效控制，大大减少鱼类疾病的发生，而且还能标准化控制鱼类的质量，达到高产稳产的目的。"一个宽2.5米、长6米、高2.5米的集装箱，可实现年产量1500千克左右，利润相当可观。"陈广育的公司2020年6月投入了20个集装箱进行高密度养鱼，首批鱼在2021年春节前销售，因为鱼肉质鲜嫩、品质好、质量稳定，一经上市便获得消费者的认可。

　　鱼螺混养创出高效养殖新模式。在基地里，连排的集装箱下面还有一个个水池连接成片。水池边上趴着不少田螺，正悠闲地晒着太阳，可以看到里面的田螺个头比一般的田螺大得多。

　　"这些池里养殖的是中华圆田螺，我们采用鱼螺混养模式，就是将集装箱的尾水排放到养殖池里，尾水里含有的有机肥料和饵料生物可供田螺摄食。"陈广育介绍说。养殖池中水质的好坏是养殖田螺成败的关键之一，集装箱养鱼排放的尾水通过生物净化，具有丰富的饵料和充足的氧气，比较适合养殖田螺的水体。通过这个方式，基地里90%的水可循环利用，有效节约了水资源，极大地降低了养殖废水的处理成本。

　　据陈广育介绍，田螺可与草鱼、鲤鱼等鱼类或水生动物混养，有时为了提高名优水产品的产量，还可以把田螺作为青鱼、龟等的优质饵料。鱼螺混养是该基地创新的一种高效养殖模式。

　　陈广育坚持不懈地探索和钻研，他利用饵料和水体，发挥鱼类和田螺之间互利共生的作用，降低养殖成本，研发出自己的鱼螺混养模式，大幅提高养殖效益。2018～2019年，陈广育养殖螺和鱼的产量逐年攀升，年收入从38万元提升到60万元。

　　陈广育的公司还从事农业养殖技术研究与开发，农业种养新品种引进繁育，新品种研发，饵料配方研制、推广，产品销售运营等业务。基地工人全部就地招聘，解决了当地劳动力过剩的问题，为青壮年劳动力提供了更好的留乡就业创业平台。"下一步，我们公司打算再投入16个集装箱养鱼，将供应链延伸到两广各地。同时利用周边山地种植黑黄皮，进一步延伸产业链。"陈广育说。

陈广育表示，他看好设施农业，通过科学精准喂养实现高产稳产，解决渔业与土地资源短缺、养殖用地和用水成本等问题，实现农业增收、渔业增效、生态增绿，全力助力乡村振兴。

二、换意识框

让心智高也、明也，是心、志意识层面的扩展和突破！

人的智慧有个基础的原理，心理学中说，人的大脑思维分意识、前意识、潜意识。意识指人的心理活动，主导情绪。潜意识是储藏在人整个生命记忆里的一些潜藏下来的记忆内容。

人的智慧来源，在于一层一层地把意识边界打破，让自己的意识能够不断往深走。当一个人不深入自己心灵世界的内部，只停留在思维表层，那么他是无灵性的，是单调和肤浅的。

人的潜意识也是人情感的发源地。如果想的都是好事，好事就会找来；如果想的是坏事，坏事就来找麻烦。因此，心念和情志主导着智慧。

一旦潜意识接受了一个想法，它就开始行动，既执行好的想法，也执行坏的想法。如果消极地使用这一规律，它就会带来沮丧、失败和不幸。如果思维方式是积极的、和谐的，它就会带来奋进、成功和幸运，因此才会有吸引力法则和心花怒放、心想事成的思想领悟！

【案例六】阳光心态成就韦金焕的四季无籽柠檬

韦金焕于2014年创立广西南宁隆安县丁当镇兆丰种养专业合作社，她组织农民种植蔬菜，打造绿色无公害有机蔬菜品牌，合作社被评为2016年广西乡级现代特色农业产业示范区、2016年农业部园艺作物标准示范园。2017年，韦金焕转型种植四季无籽柠檬，产量和收入逐年攀升。

韦金焕的四季无籽柠檬

　　韦金焕的创业之路充满了坎坷和风雨，可她选择积极向上的阳光心态，坚持不放弃，坚信"阳光就在转弯处"。

　　韦金焕经历了四次转型，第一次转型是做各种产品的销售，开阔眼界、积累经验；第二次转型做装饰工程业务经理，凭借缜密细腻的思维去经营，小有成绩；第三次转型当菜老板，有苦有甜，有赚有亏；第四次转型种植四季无籽柠檬，参加培训、钻研技术，虽然遇到各种挑战，但她积极想办法、找销路、攻克技术难题，销量突飞猛进，收获了成功和快乐。

　　韦金焕积极与北京、上海、广州等大城市的客商密切联系，积极参与各种农产品展销活动，这让她的四季无籽柠檬供不应求，收购价逐年攀升。2020 年种植的四季无籽柠檬产量 200 万千克，收入达 2400 万元！

韦金焕在田间打理四季无籽柠檬

2021年，韦金焕所在的广西隆安县丁当镇兆丰种养专业合作社种植的700亩香水柠檬，产量高达100万千克，产值600万元左右，平均单价5~6元/千克。该品种是四季无籽柠檬，一年四季都有产量，且清香扑鼻，汁水丰厚。合作社持续扩大香水柠檬的种植规模，致力于打造香水柠檬全环节产业链，带动了周边的农户脱贫致富。

近两年，随着种植经验的积累和销售渠道的成熟，在越来越多人的关注和支持下，丁当镇兆丰种养专业合作社已经从最初的品种引进种植业务扩大到现在的种苗培育、种苗销售、种植技术指导、柠檬鲜果回收和销售以及品牌奶茶店的种植托管等。为了满足市场的需求，合作社发展的客户，小面积的有几十株、几百株，大面积的有几千株，没有任何种植经验的农户都可以在合作社的指导下实现低投入高产值的目标。

合作社接下来的工作重心是稳定现有品种的产量和品质，顺应市场和消费者的需求，然后引进新的优良品种，带动更多有需求的农户种植，为家乡的乡村振兴添砖加瓦。

韦金焕四次创业"转弯"，无一不是面临风霜雨雪，但她坚信阳光总在风雨后，坚信办法总比问题多，始终用积极的心态面对困难和挫折！她鼓起勇气，冒着风险，执着好想法，扎根家乡热土，坚守自己的初心情怀，最终获得了成功。

三、换内心码

人的见识是有限的，所处的社会环境、家庭氛围各不相同，这也在主导人的智慧。还有比意识更深层、更广阔的一些内容，虽然人们不一定认同，但这是客观事实。所以说意识决定了智慧，意识在哪个维度、在哪个界面，智慧也就局限在这一界面。

通过了解意识、前意识、潜意识就会发现，当人们突破意识这个维度的界面，进入到潜意识这个界面时，人所拥有的智慧就是潜意识里所有的智慧，即智慧来源于意识边界的突破和升级。

所以潜意识的智慧，信息的维度会更高更广，反过来在应用方面，如何去扩大或提升智慧，其实就是意识层面的边界边框突破了，智慧就提升了。

马云当初创立阿里巴巴，提出了一个口号：让天下没有难做的生意。他们在实践探索中以这个口号为导向，久而久之这个口号进入到每个人的潜意识里面，改变了他们潜意识层面对阿里巴巴企业的基础编码。马云把一句口号，从最开始的意识层面，经过时间的洗礼和自身的努力，植入到大家的潜意识里，变成了每个人内在原生的指导意识，每个人在日常工作过程中，就不自觉地以这样一个理念为导向。最后所有人的努力形成了一种能量共振，他们往前推进的过程中都是一个频率，形成一股巨大的合力。所以说怎么把意识层面的东西植入到潜意识里面，然后再从潜意识里面投射出来影响人的行为，这也是一种智慧的体现。

从心理学的角度看，改变自己的一些现状，包括改变一些不好的习惯，只是从意识层面去改变的话很难，因为潜意识里面还在认可这个东西，投影源没变，实质的内容也不会有变化。要想改变人的行为，关键的方法是进入潜意识去改里面的编码，编码改变，才会投射出改变后人的各种行为。

新农人对马云和阿里巴巴大都心怀感激，因为互联网电商平台改变了商业模式，让新农人的鲜活农产品能够快速、及时地送达客户手中。

四、智慧空间

人的一生，用感知系统认识世界，用认知系统面对世界，用觉知系统体验世界，一路走来，形成了完整的三维意识系统。感知系统为宽度，认知系统为高度，觉知系统为深度。认识世界，用认知系统面对世界，用觉知系统感悟世界，常常得益于见识的高明，却不知道，其实人是活在二维平面的意识边界里的，因此拥有的其实也是二维世界的智慧。

人生以所拥有的多姿多彩的生命经历作纵轴，以所见识的琳琅满目的生命体验作横轴，纵横两轴形成一个平面坐标，见识的宽度加上经历的深度，在平面坐标上形成一个平面边框，这是第一个层次的平面意识框。大多数人活在理性世界里，其实是活在平面意识框中而不自知。再用志向作立轴，代表认知的高度，是为见识高明。立轴高度加上平面的意识框，形成一个立体的完整意识空间，这个空间的外边界构成了意识边界，或叫意识框。

通过一层一层地突破意识边框，扩大智慧的维度、宽度和深度，提升发现问题和解决问题的能力，从而更智慧更幸福地生活。劳氏姐妹就是不断突破意识边框创新创业的典型代表！

【案例七】不断创新创业的劳氏姐妹

（一）返乡创业，种好火龙果

劳素婵姐妹2014年初返乡种果，经过不断摸索学习，种植红心火龙果的技术在业内遥遥领先。其技术成果可提高种植密度，采用排式栽培及科学标准化种植，有效防治火龙果溃疡病。其技术已应用于全国4000多亩火龙果园，挽救数千万元损失，增加数千万元收益。

劳素婵在创业大赛上获奖

劳素婵在展销会上

　　姐妹俩改良培育的新品种燕窝果，畅销全国。2018年，劳素婵创办的合作社被评为广西壮族自治区新型农业创新创业一站式开放性综合服务平台，她被评为中央广播电视总台《农广天地》栏目乡土专家。2019年，劳素婵荣获第三届广西农村创业创新大赛初创组一等奖，她代表广西参加全国总决赛，获得优胜奖。

劳素婵姐妹的火龙果基地

劳素婵采摘火龙果

　　劳素婵姐妹放弃高薪工作、"学霸"头衔、"海归"光环，从先进繁华的大城市回到落后偏僻的家乡创业，是源于立志要带动家乡农业果业发展的梦想。她们的感知系统拓宽了，人生的宽度开阔了。不局限于在大城市追梦，而是回到乡土，大展手脚。

通过大量的市场调查，劳素婵姐妹发现火龙果需求量很大，市场前景广阔。2016年，她们瞄准火龙果的发展前景，成立广西硕果农业开发有限公司，走上了充满希望和艰辛的火龙果种植之路。她们的认知系统提高了一个维度，学会抓住市场机遇，拔高定位！

第二年，劳素婵姐妹遇到了种植难题——火龙果溃疡病。但她们不忘当初立志在乡土上干事业的初心，不断学习掌握火龙果的种植和管理技术，参加各种青年农场主培训，到区内外先进火龙果基地学习交流，研究创新了很多种植方法，从技术"小白"转变为技术"大咖"。她们不仅攻克了火龙果溃疡病的防治难题，还研发了新的双色火龙果品种"燕窝果"，在这一领域里不断深挖，挖出了深度！

劳素婵姐妹的双色火龙果和"燕窝"果

劳素婵姐妹突破意识边框，提升自身智慧的维度、宽度和深度，不仅创造了火红的财富，而且为国内外火龙果种植事业做出了卓越的贡献！

（二）敏锐的嗅觉，闻到了释迦果的香甜

秉持创新创业的精神，最近几年劳素婵姐妹又瞄准了释迦水果市场，对外积极营销推广这一新奇特水果，主动参加区内外各种展会，让更多人了解释迦果；对内努力练好内功，多次参加各种形式的技术培训和产销对接会，保证释迦果的高品质输出。

功夫不负有心人，释迦果很快获得种植户、收购商及消费者的普遍认可，一跃成为国内中高端水果的一匹黑马。公司也成为释迦果标准化种植输出单位，业务范围覆盖种植新技术研发、新品种培育和推广、农业技术指导与培训，市场销售服务及农产品深加工等产业链各环节，解决了很多释迦基地在释迦果的种植管理及销售等方面存在的问题，很快在业内形成了标准化规范化种植。劳素婵姐妹用高品质的释迦果迎接市场的挑战与机遇，把释迦果产业发展壮大！

（三）从技术"小白"到养猪专业户的华丽转身

劳素婵认为，机遇存在于不断的挑战之中。2019年劳素婵姐妹开始筹划养殖场事宜，2019年底决定转战养殖业，因没有经验，在建设养猪场的过程中走了很多弯路，花了不少冤枉钱。不服输的劳素婵不断向同行请教，不断改进，历经10个月终于把养殖场建好，并投入使用。

劳素婵姐妹的养猪场　　　　　　　劳素婵的养猪创业研讨会

刚进第一批猪苗时，为了能够学到更实用的养猪技术，身为总经理的劳素婵亲自带队进入养殖场，每天与技术员和饲养员同吃同住，甚至常常凌晨两三点爬起来观察猪苗的生长情况。这一住就是一个多月。

"那时候想找我很难，因为一进生产区，手机就完全没有了信号，电话打不通，网络又没有完全覆盖，只有回到生活区才有网络，而我的大部分时间都泡在生产区，那段时间我仿佛与世隔绝一般。"劳素婵回忆道。那段日子无疑是辛苦的，但劳素婵脸上依然挂着笑容。

2021年，养殖场被评为三星级广西畜禽现代生态养殖场。养殖场的工作人员也具备了相应的养殖技术，劳素婵不再需要驻扎养殖场。2022年3月，劳素婵姐妹在养殖场旁又种上了近百亩四会柑，真正实现了种养结合，并增加了就业岗位，让不方便外出打工的农户在家门口就能实现就业，从而增加了农户的收入。

第二章　新农人·新胸怀

在中国传统教育中，十分注重培养经国济世之才。这种人才的培养，都是从童蒙养正、修身养德做起，人格、德行教育排在首位，然后才是文化教育。老子的《道德经》说："修之于身其德乃真，修之于家其德有余，修之于乡其德乃长，修之于国其德乃丰，修之于天下其德乃普。"在《论语·雍也》中，孔子说："夫仁者，己欲立而立人，己欲达而达人。能近取譬，可谓仁之方也已。"曾子的《大学》说："大学之道，在明明德，在亲民，在止于至善。"

古圣先贤们用他们的如椽巨笔勾勒出了中国有识之士的博大胸怀与精神追求。新时代，在党的"三农"政策激励下，在乡村振兴的时代潮流中，昔日的农人已成长为立足本土、胸怀祖国、放眼世界、造福一方的新农人！

第一节　情怀与胸怀

情怀和胸怀的本质区别在于，情怀主要源于自己的喜好和乐趣所产生的一种行为，胸怀指的是为社会、为他人所产生的内在动力。

怎么把喜好、乐趣升华为对社会有用，产生更广泛的社会价值，从而实现从情怀向胸怀的跨越，这正是新农人所面临的新课题。

一、情怀里饱含着以人为本

全心全意为人民服务，深刻地道出了以人为本的精神内涵及深厚情怀，但如何更好地服务他人、服务社会，营造"人人为我，我为人人"的和谐社会氛围，却需要我们终生去学习。

中共中央办公厅、国务院办公厅印发的《关于实施中华优秀传统文化传承发展工程的意见》，要求应加强国民礼仪教育，加大对国家重要礼仪的普及教育与宣传力度，在国家重大节庆活动中体现仪式感、庄重感、荣誉感，彰显中华传统礼仪文化的时代价值，树立文明古国、礼仪之邦的良好形象。

有些人一开始去学礼仪，是为了让自己的形象更好，让自己更美，懂得更多接人待物的礼貌礼节。学习了一段时间并做了些分享后发现，如果让更多的人都来学礼仪，大家都变得更美，变得更知书达礼，那么整个社会就会变得更和谐美好。当一个人有这样的念头出来时，就意味着他已经从个人的喜好情怀开始向社会价值过渡，从情怀上升到胸怀了。

二、胸怀里深藏着兼济天下

"仁"是中国儒家道德规范的最高原则，是孔子思想体系的理论核心。"仁"最初的含义是指人与人之间的一种亲善关系。孔子把"仁"定义为"爱人"，并强调"己所不欲，勿施于人"。

《论语》中颜渊问何为仁，子曰："克己复礼为仁。一日克己复礼，天下归仁焉。为仁由己，而由人乎哉？"颜渊曰："请问其目"（行动纲领）。子曰："非礼勿视，非礼勿听，非礼勿言，非礼勿动。"颜渊曰："回虽不敏，请事斯语矣。"

这段话讲的是颜渊问孔子什么是仁，孔子回答克己复礼可以成就仁。日日能做到克己复礼，则天下之事都可以归于仁了。实行仁德，完全在于自己，难道还在于别人吗？颜渊又问，请老师讲讲关于礼的条目，孔子说不符合礼的事情不要去看，不符合礼的事情不要去听，不符合礼的事情不要去说，不符合礼的事情不要去做。颜渊听了孔子的回答说，我虽然不敏慧，但是一定会牢牢按照老师您所说的话去做。

孔子回答了颜渊的问题，也告诉了大家要想天下归仁，必须讲礼，而且要从自己做起。新农人要想更好地服务社会、服务客户，创造更大的社会价值，礼仪就是最好的助推器，也更能展示新农人以礼待人、兼济天下的博大胸怀。

第二节　礼仪——提升服务的境界维度

一、礼仪之邦的过去和现在

《左传》有云："中国有礼仪之大，故称夏；有服章之美，谓之华。""中国者，礼义之国也。"中国自古就有"礼仪之邦"的美称。我们常说的三礼——《周礼》《仪礼》《礼记》，就是古代中国礼乐文化的理论形态，对礼法、礼义和礼仪做了最权威的记载和解释，对历代礼制的影响最为深远。

《周礼》为周公所著，是儒家经典十三经之一。周公是儒家文化奠基人，姬姓，名旦，亦称文公、叔旦，是周武王的弟弟。孔子称之为圣人，史称元圣。周公与姜子牙、吕尚同为西周开国元勋，以鲁公官位，封于曲阜，因此，曲阜周公庙实为元圣庙。周公，制礼作乐，为西周典章制度的主要创制者，主张"明德慎罚"，以"礼"治国，奠定了"成康之治"的基础。

《周礼》的核心内容是以人为本、以礼立序、以德治国、以乐致和、自强不息、忠诚无私、举贤任能、礼让为先、尊老爱幼。其核心内涵为自强不息的民族精神，忠诚无私的高洁品质，以人为本的社会准则，举贤任能的用人之道，礼让为先的道德风范。

孔子曾说："礼者，敬人也。"从本质上讲，"礼"的含义是尊重，是做人的基本道德标准，尊重自己、尊重别人、尊重社会，而"仪"则是把这种规则和标准规范地表达出来，"礼仪"一词很早就被作为典章制度和道德教化使用。孔子所倡导的"礼之用，和为贵。先王之道，斯为美，小大由之。有所不行，知和而和，不以礼节之，亦不可行也"，讲的是礼乐的目的在于修身、齐家、治国。

2016年11月30日，习近平总书记在中国文联十大、中国作协九大开幕式上的讲话中指出，中华民族生生不息绵延发展、饱受挫折又不断浴火重生，都离不开中华文化的有力支撑。中华文化独一无二的理念、智慧、气度、神韵，增添了中国人民和中华民族内心深处的自信和自豪。

党的十八大以来，党和国家一直大力提倡要传承和弘扬优秀的中华传统文化，强调在重大节庆活动中体现仪式感、庄重感、荣誉感，彰显中华传统礼仪文化的重要性，并一再要求在社会风气上要弘扬孝敬文化、慈善文化、诚信文化，开展节俭养德全民行动，树立中华民族礼仪之邦的良好形象。

二、乐乘之旅

子曰："人无礼，则不立。"自2014年实施新型职业农民培训工程以来，职业素养里提出礼仪能成就美好人生的理念就逐渐引起了人们的重视。2020年5月，应广西农业广播电视学校的邀请，笔者在广西农业广播电视学校开讲"商务礼仪"，并同步在云上智农及桂农耘做直播分享。为学员们不远千里驱车前来现场上课，一心向上向礼的好学精神而感动，也为自己能有机会为广大农场主、企业家及进入直播间学习的朋友们讲授"商务礼仪"而开心，为祖国新时期农业发展、乡村振兴做出自己的贡献而自豪！

2020年5月22日笔者做"商务礼仪"直播分享

自 2020 年 5 月以来，笔者一直在线下为广西农业广播电视学校举办的各类广西高素质农民能力提升培训班的学员们讲授"商务礼仪"。学员是来自广西各地的农民企业家、农场主，他们渴望学习商务礼仪的相关知识，更愿意在各种商务活动、农产品的直播带货中展示自己及公司的良好形象，提高自己的服务维度，因此在"商务礼仪"课程讲授过程中，主要从仪表礼仪、仪态礼仪、见面礼仪、介绍礼仪、位次礼仪、宴请礼仪、互访礼仪等方面带领大家一起学习、情景演练、互动分享。如果把服务顾客比喻成一次美好的旅行，那么乐乘之旅就从感受美好的仪表礼仪开始。

三、仪表礼仪

俄国剧作家契诃夫曾说："人的一切都应该是美好的，美的仪表、美的服饰、美的语言、美的心灵。"仪表通常指的是个人的外部轮廓、容貌、服饰、表情、举止所留给人们的总体印象。

具体来说，一个人的仪表由两部分构成。第一部分是静态的，比如说高矮胖瘦、肤色发型、年龄状态。相对而言，在某一时间内它们不会突然发生变化。第二部分是动态的，主要指的是一个人的举止和表情。例如，通常批评一个人时，会说这个人很木讷，表情呆板、呆滞，而且举止粗俗，站没站相，坐没坐相，但称赞一个人的时候会说这个人修养好，站有站相，坐有坐相，举止端庄得体，落落大方，浑身散发出的某种气质被她典雅庄重的外表衬托得越发迷人。

美国社会心理学家梅拉宾在 1971 年提出了"55387"法则，即一个人对他人的第一印象，在与人会面时的最初 7 秒内就能建立起来，其中 55% 来自仪容仪表，包括服装、妆容、发型等，38% 来自仪态，包括眼神、表情、举止动作等，7% 来自语言内容。

形象礼仪"55387"法则图解

虽然我们一再强调，不应过分关注一个人的外表而忽视其内在的品质，但我们也有共同的认识：一个人的名字，是一个品牌；一个人的形象，更是一张名片。

北宋政治家、文学家、唐宋八大家之一的欧阳修在他的《左氏辨》中写道"君子之修身也，内正其心，外正其容"。著名节目主持人、阳光媒体集团主席杨澜女士也曾说："没有人有义务必须透过连你自己都毫不在意的邋遢外表，去发现你优秀的内在。"因此说衣着得体、面带微笑、举止适度、外表端庄是对他人的尊重，也是自我成熟的表现。

（一）男士形象

男士形象之仪容仪表要点：面部干净整洁、头发清爽不油腻、衣着整齐、注意个人卫生、精神饱满。

（1）男士发型。前不盖眉、侧不附耳、后不及领。

（2）男士着装。俗话说，人靠衣装马靠鞍，那么着装有什么要求和讲究呢，这也是人们非常关注的问题。着装要注意时间、地点、场合及角色四要素。在越来越多的商务活动中，男士是经常要穿西装的，穿什么颜色的西装、配什么衬衣，应注意些什么都有讲究。

形象礼仪"TPOR着装原则"图解

①西装三要素：色彩、面料和款式。

色彩、面料和款式是挑选西装的三要素。首先是颜色，笔者个人比较倾向于藏蓝色、浅灰色、深灰色。藏蓝色尊贵、庄重、权威；浅灰色亲和力强、时尚随和；深灰色优雅高贵，但在很庄重正式的场合，黑色西装也是一个很好的选择。

其次是面料，最佳面料是纯羊绒，纯羊绒或纯毛面料制作的西装挺阔，悬垂感较好，线条也较流畅。

最后是款式，西装的款式分正装西装和休闲西装，他们之间最大的区别是正装西装是套装，为两件套或三件套，单件一般是休闲装。三件套西装除上衣和裤子外，加了一件背心，更适合重要的商务交往，它会显得庄重。新农人在中国－东盟、"一带一路"建设的经济合作中，商务场合中着恰当款式的西装既表达了对合作者的尊重，也彰显了礼仪之邦的风范。

款式的另一个区别是扣子，有双排扣和单排扣。单排扣西装更为传统、庄重，而双排扣西装比较时尚。如参加宴会、舞会、酒会，穿双排扣西装更时尚一些、好看一些。而谈判、会议、办公穿单排扣西装就更正式、稳妥一些。

单排扣西装也有一粒扣、两粒扣、三粒扣的区别，正装一般是两粒扣和三粒扣。单排扣西装扣子的系法也有讲究。

一粒扣：可扣可不扣。

两粒扣：扣上面一粒或都不扣。

三粒扣：扣上面两粒、只扣中间一粒或都不扣。

四粒扣：扣中间两粒或都不扣。

穿西装还有个五指法需要引起注意。

第一：衬衣领口与脖子的间距为一个手指。

第二：耳垂正下方衬衣与西装上衣的间距为两个手指。

第三：衬衣袖口与西装袖口的间距也为两个手指。

穿西装"五指法"之一指图解

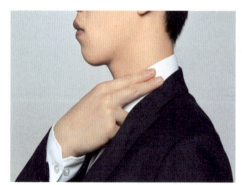
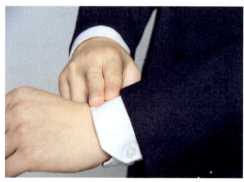

穿西装"五指法"之两指图解

西装三注意：三一定律、三色原则、三大禁忌。

三一定律指的是男士在出席正式场合时，要注意身上一些重要细节上的搭配。这些重要细节指的是鞋子、腰带、公文包应当是同一种颜色，一般来说是深色，首选黑色，袜子也应选黑色，不能穿白袜子。选择袜子还要注意长短，最好是中长袜。如果坐下来时，袜子和裤子之间还露一截毛茸茸的腿，那是极不雅观的。

三色法则指的是男士在正式场合穿西装全身的颜色不能多于三种。包括上衣、裤子、鞋子、领带与衬衣，一般是深色西装配白衬衣，即三色法则。腰带后面不能挂钥匙，这样比较得体协调。

三大禁忌指的是男士西装袖子上的商标没有拆，误认为袖子上有此一横是名牌的标志；忌搭配西装穿的衬衫下摆外露；胸袋和两侧口袋为装饰袋，忌装物品，内侧两袋为实用袋。

领带是男人的第一张名片，材质最好是100%真丝。颜色首选暗红色、蓝色、浅灰色、黄色，图案首选纯色、条纹、圆点。注意穿短袖衬衣不能系领带。

另外，在西服的穿着中，还有一个讲究"两个单色，一个图案"，说的是在西服套装、衬衣、领带中，最少要有两个单色，最多一个图案。如果领带是带图案的，那么西服和衬衣就应该是单色的，不能带图案；如果西服套装是带条纹的，那么领带和衬衣就应该都是单色的，以免显得花哨、杂乱，不够简洁、大方。而且，这三件中最好有一种颜色跳出来，不是同一色系，以免分不出彼此。衬衣的下摆一定要塞到裤腰里。

面料首选：最好是100%真丝
颜色首选：暗红色、蓝色、浅灰色、黄色
图案首选：纯色、条纹、圆点

穿西装之"领带挑选"图解

（二）女士形象

女士形象礼仪之仪容仪表要点：发型文雅、端庄、整齐，着装得体、干净，妆容淡雅，慎用香水。

（1）女士发型。以庄重、简约、典雅、大方为主导风格。留长发的女士，在商务场合中应遵循前不遮眉、后不过肩的原则，以束发、盘发为宜，不染色彩过于艳丽的头发。

（2）女士妆容。职场女性化妆的目的是美化自己，也表达对他人的尊重。不要画很重的眼线，散眉要修理整齐，若眉毛很稀很淡，应用眉笔描一描，如果面部皮肤粗糙或肤色不太健康或有瑕疵，用粉底调一调肤色，遮盖一下瑕疵，使皮肤看上去细腻润泽、清爽健康；不用味道很浓的香水和化妆品，要做好唇部保湿，涂淡色口红，指甲清洁整齐，不涂怪色。

女士"妆容"图解

女士的妆容应表现出自然大方、端庄典雅的效果。在人前时就一定是最美的样子，补妆和化妆要到屋内或洗手间。如果能够给人妆成有却无，让人觉得你天生长得就这么好看，那就是美出了另一个境界。

（3）女士着装。

①女性在商务活动中应着正装或职业装。女士的正装指的是套裙，由上衣和下裙组成，上衣是西装，下裙是西式套裙，西装和套裙通常是统一面料、统一色彩、浑然一体。忌薄、露、透、小，忌光脚，不要过分鲜艳、不要过分时髦、不要过分装饰。

现代职业女装也有下半身改穿长裤的，但长裤的质地、裁剪需要完全与上衣相同。颜色方面则可以稍加变化，浅色系亦无不可。花色也可以表现得较活泼一些。但长短须合宜，这点十分重要，否则太长会显得保守呆板，太短又会显得轻浮、轻佻。

②女士在正式场合着裙装的四个禁忌。

第一个禁忌是裙装薄、露、透、小。

第二个禁忌是穿黑色皮裙。黑色皮裙在国际上是一种"专业服装"，它是特殊职业者的基本特征。

第三个禁忌是穿套裙时光着腿不穿丝袜。应穿肉色高筒袜或连裤袜。不能出现"三截腿"的现象，"三截腿"指的是穿半截裙子时穿半截袜子，袜子和裙子之间露出一截小腿。

第四个禁忌是穿套裙时不穿制式皮鞋。制式皮鞋是黑色的。船形高跟或半高跟的皮鞋，也称"双包鞋"。"双包鞋"指的是前包脚趾、后包脚跟的皮鞋，皮鞋上不宜有其他装饰，皮面应干净亮洁。

③套裙的面料及色彩。正式的西服套裙应注重面料，最佳面料是高品质的纯毛和亚麻，这两种面料吸湿、透气、悬垂感比较好，穿在身上也比较舒服。最佳的色彩是黑色、灰色、棕色、米色等单一色彩，色彩要注意协调，要跟自己的形体、肤色以及适用的场合相协调。

④女性套装的搭配。职业女性衣着搭配的原则中，首饰、手包、丝巾应该是最重要的行头，这些行头的数量三件为宜，不宜超过五件，在商务场合职业女性不能够戴过多的珠宝饰物。强调的是适当、得体，符合身份，画龙点睛。配饰的质地有讲究，戴珍珠耳环就不应佩戴金项链，要同色同质才不突兀。细节制造不同，细节也体现修养。

四、仪态礼仪

有人认为人生在世最好能体验到三种感觉，即存在感、成就感和神圣感，那么什么因素决定这三种感觉，笔者认为就礼仪来说形象决定存在感、仪态决定成就感、心态决定神圣感。

达·芬奇曾说："从仪态了解人的内心世界，把握人的本来面目，往往具有相当的准确性与可靠性。"现在社会上有各种各样的礼仪培训班、优雅仪态训练营，均由导师或教练教导学员，从修长挺拔的站姿到高贵端庄的坐姿，再到轻盈优雅的步态一一进行训练。

（一）站姿

大方得体的仪容仪表仪态能让人充满自信，赢得更多机会，成就更好人生。通过科学有效的方法，从人体的头、颈、肩等各部位进行训练，纠正不良的体态，塑造良好的体态，回归身体的正常位置。人们尤其喜欢挺拔端正、舒展优美的站姿口令：头正、颈直、肩平、胸挺、腰立、腹收、臀紧、膝提、趾抓、两眼平视前方、面带微笑、下颚微收、双手自然垂于体侧。两腿直立，女士双膝并拢，男士自然开列。很多人通过练习九点靠墙法矫正自己的站姿。

并步　　　　　V字步　　　　　丁字步

仪态礼仪之"女士三个脚位站姿"图解

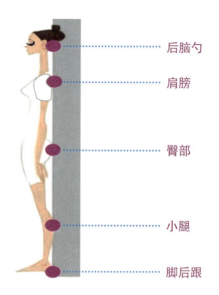

后脑勺

肩膀

臀部

小腿

脚后跟

女士腹际式站姿图解　　　　　　　女士九点靠墙站姿训练图解

（二）走姿

得体的行走姿势要以端正的站立姿势为基础，上身保持挺拔的身姿，双肩保持平稳，两臂以身体为中，前后自然摆动，前摆约35°，后摆约15°，跨步均匀，节奏流畅，手掌朝向体内。起步时身子稍向前倾，重心落于前脚掌，膝盖伸直；脚尖向正前方伸出，行走时双脚踩在一条直线上。步伐稳健有节奏感，步履轻捷不拖拉，两臂在身体两侧自然摆动，切忌大摇大摆或左右摇晃。

所谓"行如风"，男性步态重在节奏步幅，体现正气、潇洒、阳刚的气概。女性步态宜略踩出"猫步"，脚印形成一条直线，淡定、轻盈、翩翩有致，摇曳生姿。总体上走姿要平稳、从容、充满自信，精神饱满、神采奕奕。男士宜稳定、矫健，女士宜轻盈、优雅。

（三）坐姿

坐姿是人际交往中重要的人体姿势，要端正、稳重、自然。古人云"坐如钟"，意思是坐着要稳重不动，像钟一样，姿势安稳端庄优美。坐姿的基本要求是端庄自然，入座起身都应稳而轻，大约坐在凳子的2/3处。日常坐姿要轻松文明，伏案坐姿要文雅端正。

如果说动态美能扣人心弦，那么静态美就能使人怦然心动。女士得体、优雅、娴静的坐姿就具有一种静态的美。女士坐姿的基本要求是腰背直挺、手臂放松、双腿略微并拢、与人平视，做到端庄、大方、文雅、得体。女士坐姿一般分为正襟危坐式、双腿斜放式和双腿叠放式3种。

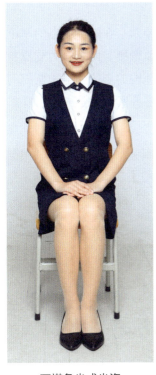
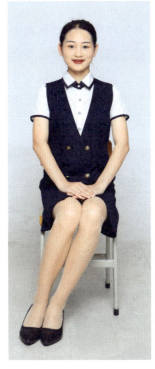

正襟危坐式坐姿　　　　　双腿斜放式坐姿　　　　　双腿叠放式坐姿

　　女士坐姿训练给笔者留下深刻印象的就是澳大利亚的"世界礼仪皇后"Miss Dally。2014年3月5日，88岁的Miss Dally来到广州，在创展中心为羊城白领女性宣讲礼仪，传经授道。作为澳大利亚首位超模，多年的仪态修炼，使得Miss Dally即使年岁已高但仍穿着高跟鞋，妆容精致、举止优雅早已内化成她的生活习惯、举手投足。64年来，她教出了7位世界小姐、5位环球小姐、13位欧洲名模，其中有好莱坞影后妮可·基德曼。88岁高龄的她开始向中国女性传授最正宗的西方文化和国际礼仪，她有一句话："在我的时代，模特的优雅是最重要的。"这句话道出了人体的美最主要是仪态美。

Miss Dally 做礼仪分享　　　　　　　　笔者做礼仪分享

（四）蹲姿

蹲姿是人处于静态时的一种特殊体位。得体蹲姿的要领：在站立姿态的基础上，一脚在前一脚在后。脊背保持挺直，不要低头也不要弯腰。两腿合力支撑身体，掌握好身体的重心，臀部一定要蹲下来，避免弯腰翘臀的姿势。男士两腿间可留有适当的缝隙。女士无论采用哪种蹲姿，都要将两腿并紧，臀部向下，穿旗袍或短裙时需更要留意，以免尴尬。

女士标准蹲姿

（五）表情

人的面部表情主要是通过目光和微笑来传递的，"眼睛是心灵的窗户"，人们视线相互接触的时间，通常占交往时间的 30% ~ 60%，一次大约 3 秒。"见人三分笑，客户跑不掉"虽然是句俗语，但也道出了人们愿意与表情善意的人打交道，当然这里所说的笑，指的是发自内心的微笑。可以说微笑是女性最重要、最美丽的妆容，是男士最儒雅、最潇洒的修养。

笔者在上课时，反复跟学员们强调要多微笑，因为人的胸前有一个膻中穴，这个膻中穴就是人的心门，微笑时，人的心门就打开了，所以说微笑对别人好，对自身更好，何乐而不为。也正因此，人们才会赞叹：微笑是一首别具韵味的诗，微笑是一曲无声而动人的歌！

第三节　礼仪——提高生命的能量层级

2021年6～7月，笔者在"2021年广西乡村企业家人才（高素质农民）"第三期和第四期培训班推出的"礼仪三证说"课程，讲述了礼仪在日常生活中的作用：第一，礼仪是人际交往的通行证；第二，礼仪是心愿达成的驾驶证；第三，礼仪是生命提升的身份证。

礼仪的核心是尊重，既尊重自己，也尊重别人！正如知名礼仪学者金正昆所言：

尊重上级，是一种天职。

尊重同事，是一种本分。

尊重下级，是一种美德。

尊重客户，是一种常识。

尊重对手，是一种风度。

尊重所有人，是一种教养。

必须强调，运用礼仪、学习礼仪最重要的就是尊重。

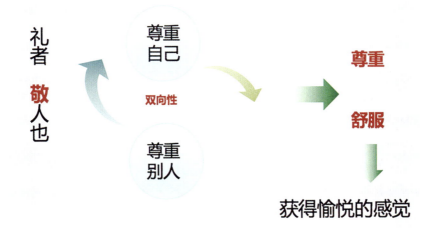

礼者敬人图解

金慧书院院长王信博在他的《在状态》一书中写道："我们常说聪明、智慧、觉悟。什么叫聪明呢？能让自己舒服叫聪明。什么叫智慧？能让别人舒服叫智慧。什么时候能让自己和别人都舒服，那就叫觉悟。"

美国著名心理学家丹尼尔·戈尔曼在他的《情商》一书中写道："你让人舒服的程度，决定着你人生所能抵达的高度。"所以说，礼仪能提高生命的能量层级。

尊重客户，让客户心生喜悦，才可能发生进一步的商业交往、商务活动，新农人只有在服务好客户的基础上，才能实现商品利益的最大化。

在给新农人所讲授的课程中，笔者主要是从商务礼仪五部曲逐一分享，并要求学员们互动实操，在学中做，做中学。

商务礼仪五部曲图解

一、见面礼仪

　　见面礼仪是指日常社交礼仪中最常用、最基础的礼仪。人与人之间的交往都会用到见面礼仪，特别是对想打开市场销路，为人们提供物美价廉、品质优秀的农产品的新农人们，尤其重要！掌握见面礼仪，能给客户留下良好的第一印象，为以后顺利开展销售合作打下基础。

　　常见的见面礼仪有握手礼、鞠躬礼、拥抱礼、亲吻礼、吻手礼等，不同国家不同地区有着不同的见面礼仪。通常来说先问候再行礼比较合适，即先言后礼，否则会给人唐突的感觉。

　　（一）握手礼仪

　　相传握手最早发生在人类"刀耕火种"的时期。那时，在狩猎和战争中，人们手上经常拿着石块或棍棒等武器。他们遇见陌生人时，如果大家都无恶意，就放下手中的东西，并伸开手掌，让对方抚摸手掌心，表示手中没有藏武器。后来，这种友好表示方式流传到民间，就成了握手礼。

　　时代的变迁赋予了握手礼更多的内涵，有致意、友好、亲近、寒暄、道别、慰问、支持、感谢、鼓励、祝贺等不同意义，成了当今世界通行的见面礼。学习握手礼仪，要掌握四要素：顺序、时间、力度和禁忌。

标准式握手图解

（1）握手的顺序。握手的先后顺序应根据握手双方的社会地位、年龄、性别和身份来确定，遵循"尊者优先伸手"的原则。

上下级握手：下级要等上级先伸出手。

长幼握手：年轻者要等年长者先伸出手。

男女握手：男士要等女士伸出手后方可伸手相握。

宾主间握手：不论男女，见面时主人应主动向客人伸手表示欢迎，送别时客人应主动伸手表感谢。

（2）握手的注意事项。注意力度大小和时间长短。如果双方都是身强力壮的人，可以用力大些；如果是久别相逢或跟老年人握手，可以握久一些；跟女士或上级握手，要轻一些，时间要短一些，一般为 3 ~ 5 秒。

握手时双目应注视对方，微笑致意或问好，态度真挚亲切，多人同时握手时应按顺序进行，切忌交叉握手。

任何情况下，拒绝对方握手的举动都是不妥的，若手上有水或不干净时，可婉谢握手，但必须解释并致歉。

（3）握手的禁忌。

忌握手时东张西望，漫不经心，男士握手时应脱帽。

忌戴墨镜，忌戴手套握手，女士装饰性薄纱手套除外。

忌用左手握手，正常人一定要用右手握手，这是约定俗成的礼貌。

在一些南亚、东南亚国家，如印度、印度尼西亚等，人们不用左手与他人接触。如果是双手握手，应等双方右手握住后，再将左手搭在对方的右手上，这也是经常用的握手礼节，以表示更加亲切，更加尊重对方。

笔者课堂上常用的握手礼顺口溜，深得学员们的喜爱：尊者先伸手，大方对虎口，眼睛看对方，微笑加问候，力度六七分，三五秒就够，男女都平等，微笑泯恩仇！

（二）拱手礼

拱手礼又称为作揖、抱拳礼，是中国人传统的见面礼仪。《论语·微子》中记载"子路拱手而立"，这里的子路对孔子所行的就是拱手礼。拱手礼已经有两三千年的历史了，是最具中国特色的见面问候礼仪。

一躬身，一拱手，一作揖，一回礼，带着满满的真诚、友善、尊重、慰藉和祝福。中央电视台播音员每逢新年给电视机前的全国人民拜年时，所行的礼就是标准的拱手礼。

拱手礼的行礼有吉礼和丧礼之分，拱手礼的正确做法如下。

行礼时，双腿站直，上身直立或微俯，吉事行拱手礼时男士右手握拳在内，左手在外，女士左手握拳在内，右手在外，遵循男左女右的规则。两手合抱于胸前，男士握实拳，女士握虚拳，有节奏地晃动两三下。

若为丧事行拱手礼，则正好相反，男士左手握实拳在内，右手在外，女士左手握虚拳在内，右手在外。

（三）鞠躬礼

鞠躬起源于商朝，在我国春秋时期就已经很普遍了，如《论语·乡党》中的"入公门，鞠躬如也"。鞠躬礼是表示恭敬而普遍使用的一种致意礼节，既可以应用在庄严肃穆或喜庆欢乐的仪式中，也可以应用于一般的商务交往。

（1）鞠躬礼的标准姿势。身体上部向前倾15°～90°，在上体前倾时男士双手安放于身体两侧，女士双手安放于身体前侧，而后恢复立正姿势。鞠躬对应身体双肾，可起强肾作用，对脊柱作用也特别突出，可起正脊的作用。具体的前倾幅度视行礼者对受礼者的尊重程度而定。

路遇他人：行15°鞠躬礼。

表示问候、恭敬、尊重及感谢：行30°鞠躬礼。

表示再见及道歉：行45°鞠躬礼。

表示深深的敬意或歉意：行90°鞠躬礼，如婚礼、悼念和谢幕。

通常，受礼者应以与行礼者的上体前倾幅度大致相同的鞠躬还礼，但上级或长者还礼时，可以欠身点头或在欠身点头时伸出右手答之，不必以鞠躬还礼。

（2）鞠躬时的注意事项。

鞠躬要脱帽，戴帽鞠躬是不礼貌的。

鞠躬时，嘴里不能吃东西或叼着香烟。

鞠躬时，目光应该向下看，看双脚前 1 ~ 1.5 米的距离，表示谦恭的态度，不可以一边鞠躬一边翻起眼睛看对方，这样做姿态既不雅观，也不礼貌。

二、介绍礼仪

在商务交往中，介绍是一个非常重要的环节。人和人打交道，介绍是一座必经的桥梁。把介绍这一环节去掉，就会让人感觉非常唐突。介绍主要的作用是说明情况，从礼仪的角度来讲可以把介绍分为四类：第一类，自我介绍；第二类，为他人做介绍；第三类，集体介绍；第四类，业务介绍。

（一）做一个漂亮的自我介绍

做自我介绍时，要先问候对方，然后介绍自己的公司、部门、职务、姓名（全名）。介绍自己姓名的时候，最好把自己的名字和名言警句、诗词、座右铭或时代背景相联系，便于对方迅速记住你。如果你的名字跟名言警句、诗词、座右铭或时代背景都无关联，不妨查查《说文解字》，因为父母给孩子取名字的时候大都寄予了美好的愿望和殷切的期待！自我介绍时应面带微笑，自然大方，音量适中，简洁明了，实事求是，切勿夸张，时间应控制在 1 分钟以内。

（二）为他人做介绍

为他人介绍时，一般都要起立，有礼貌地用手示意，用手掌而不是用单个的手指，眼神要随手势望向介绍者，不可用手指随便地指指点点。为他人介绍的时间应当控制在 2 分钟以内，切勿滔滔不绝。尊者有优先知情权，因此介绍时应注意介绍的顺序：将男士先介绍给女士，将年轻者先介绍给年长者，将地位低者先介绍给地位高者，将未婚者先介绍给已婚者，将客人介绍给主人，将后到者介绍给先到者。

当自己被他人介绍时，应表现出结识对方的热情，起立或欠身致意，面带微笑，双目注视对方，介绍完毕，握手问好。

（三）集体介绍

集体介绍是为他人介绍的一种特殊形式，被介绍者一方或双方都不止一人，大体可分两种情况，一是为一人和多人做介绍；二是为多人和多人做介绍。

集体介绍应注意：

当被介绍者双方地位、身份大致相似时，应先介绍人数较少的一方。

但被介绍者其中一方地位、身份较高，即使人数较少或只有一人，也应将其放在尊贵的位置，最后加以介绍。

如果外单位到本单位来访，先介绍自己单位，即先介绍东道主。

单项式介绍。如果一边是个人一边是集体，则要先介绍个人后介绍集体。但在演讲、报告、比赛、会议、会见时，只需要将主角介绍给广大参加者。

如果介绍的不止两方，应按排列的位次逐一进行介绍。

如果一方人数较多可采取笼统的方式进行介绍，如"这是我的爱人""这是我的同学"等。

（四）名片介绍

在商务交往中，名片不但能推销自己，也能很快地助力你与对方熟悉。名片的基本内容一般有姓名、工作单位、职务、职称、通讯地址等，它充当联络簿、礼单、介绍函、留言单等多种角色，因此不但要很好地珍惜，还要懂得怎样去使用它。交接名片的注意事项如下。

（1）交接名片时应面带微笑，注视对方，将名片的正面朝上，字迹正对着对方，使对方对名片的内容一目了然。递名片时，用双手的拇指和食指分别握持名片上端的两角，举至胸前，上身略微前倾，递送给对方，并略道谦恭之语，如"赵总，这是我的名片，请多多关照"或"小王，这是我的名片，希望以后多联系"等。

交换名片图解

（2）接受他人递过来的名片时，应用双手的拇指和食指接住名片的下方两角，态度要恭敬，使对方感到你的诚意，接到名片时要认真地看一下，可以说"谢谢""能得到您的名片，真是十分荣幸"等，然后郑重地放入自己的名片夹或其他稳妥的地方，不能漫不经心随意乱放，以免伤害对方的自尊，影响彼此的交往。

（3）交接名片的顺序。地位低的人先向地位高的人递名片，男性先向女性递名片。如果对方不止一人时，就先将名片递给职务较高或年龄较大者，或由近至远递，依次进行，不能跳跃式地进行，以免给人厚此薄彼的感觉。如果是坐着的，应当起立或欠身递送，递送时可以说"我是某某某，这是我的名片，请笑纳，或请多多指教"。

三、位次礼仪

中国人自古就相信，有为才能有位！顺序与位次的排列，不管是在中国还是在外国，但凡正规的场合，人们对排列顺序的问题都比较敏感。

为客人引领入座时，站在客人的哪个方位？上下楼梯有顺序，电梯间的出入也有顺序，乘车、开会、签约都有顺序。它有时候是动态的，有时候则是静态的。称之为排序，或者座次、位次的排列。

引导礼演示

引领时，引领者标准规范的手势应当是手掌自然伸直，两手五指并拢，拇指略微分开，手腕伸直，使手与小臂成一直线，肘关节自然弯曲。

手位不分男士女士，主导手为右手，手心都是向上45°伸展。高位指引时斜上方，中位指引时斜前方或正前方，低位指引时斜下方或正前下方。

（1）行进中的位次。行进时要走在客人的左前方1～1.5米处。

两人同行：右为尊，安全为尊。

三人同行：中为尊。

四人同行：分两排，前排为尊。

如果行进过程中有墙，应把靠墙那一侧让给客人，让客人走在内侧，陪同人员走在外侧，这样客人受到的骚扰和影响较少。

上楼梯时走在客人后面，穿短西裙的客人除外。

下楼时走在客人前面，距离为一两个台阶，不要走得太快。

上下楼梯引领礼图解

（2）出入电梯。如果陪同客人出入无人驾驶的升降式电梯时，陪同人员应先进后出；有人驾驶的升降式电梯，由专门的电梯员开关电梯，则是客人先进先出，陪同人员则是后进后出。

出入电梯礼仪

在公共电梯里，考虑到还有其他不相识的乘客，不应刻意地挡在电梯口一动不动地等待客人先出，而是谁在外面谁先出。

（3）乘车的位次。车的具体类型不同，其座次的尊卑、排列、位次有所不同。

①双排5座小轿车：位次的排序，根据司机和坐车的人关系而定。如果主人亲自开车，上座是副驾驶座。如果有专职司机开车，上座就是副驾驶身后的位置。

主人驾驶双排 5 座轿车座次

专职司机驾驶双排 5 座轿车座次

②三排 7 座的商务车：最尊贵的位置为司机正后方的位置。随车的陪同者可以坐在中间一排的右侧门口位置。工作人员坐在前排副驾驶的位置。后排可以坐主人也可以坐客人，级别低于中间一排，应注意要先上车、后下车。

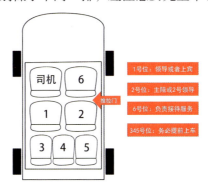

专职司机驾驶三排 7 座轿车座次

③越野车。越野车较为特殊，是军事首长的指挥用车，坐在前排视线最好，因此，前排副驾驶位置为尊位。礼宾人员在迎接这种车时，应该率先打开副驾驶位置的车门迎接。

越野车座次

④中巴、中型面包车。

中巴或中型面包车正对门的一排位置虽比较方便，但却不是最安全的，此排后面的一排才是最尊贵的位置。因此中巴或中型面包车的最尊位在中门的斜后方。一般而言，长车是第三排，短车是第二排。有些高级中巴车经过特殊改装后，在前两排之间加装了一张桌子，此时桌子后面的位置便是最尊贵的位置。

面包车座次　　　　　　　　改装后的面包车座次

⑤大巴车、大客车。

大巴车、大客车最尊贵的位置是司机正后方第一排的位置。这个位置方便、舒适、视线还好。如果车上有主方的领导陪同，可以将其安排在大巴车右侧最前面的位置。大巴车上的座位，从前往后礼宾顺序依次降低。有时候一些人一上车就在前排坐下，就是因为对位次礼仪不了解。如果是年轻人，上了大巴车之后应该尽量往里走，往后排就坐，把前排留给领导、长者或女士。

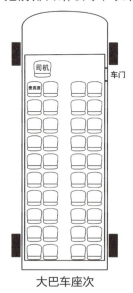

大巴车座次

（4）会客的座次。接待上级领导和商业伙伴来访时的座位排序尤其是受邀参加一些政府会议，应该坐哪里才不失礼呢？

中国民间待客时通常有两句话：

坐，请坐，请上座；

茶，上茶，上好茶。

那么哪个位置是上座呢？"商务礼仪"会客的座次礼仪中：

面门为上，面对房间正门的位置为上座。

居中为佳，若分中央、两侧，则中央的位置高于两侧。

前排为上，多排位置中前排为上。

以右为尊，以远为上，离门越远的位置越尊贵。

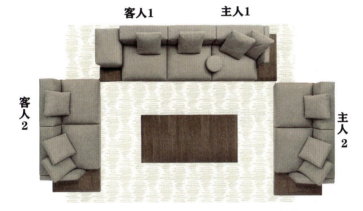

主宾并列而坐时以主人的右边为尊的座次安排

四大名著之一的《红楼梦》中写道："世事洞明皆学问，人情练达即文章。"小小的奉茶、侍茶、上茶都能展示一个人待人接物的风貌和素养。

如果请客户喝茶，座次也有讲究，分两种情况，主人自己侍茶和别人侍茶，尊位是不同的。

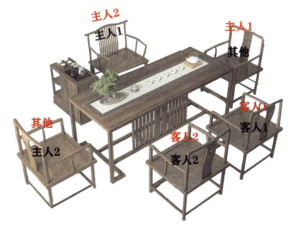

商务宴请茶礼的座次安排

（5）会议、活动的座次安排。

会议、活动的座次安排有政务礼仪和商务礼仪之分，政务礼仪遵循中国传统文化中的礼仪规范。中国传统礼仪是以左为尊，绝大多数的朝代都遵循以左为尊的原则。我国地处北半球，面向正南方时，太阳就在我们的前面，而左手边就是太阳升起的地方，所以左手边和东面是重合的。我们常说的紫气东来也是以东为尊。这些都是以左为尊的文化理念。现在我们有时还能听到一些比较讲究的文人雅士，邀请朋友到家里做客时说："我虚左以待"，所说的意思就是把左边的位置留给客人。这是一种比较含蓄、文雅的方式，表示了对客人的尊重。

会议、活动的座次安排有政务礼仪和商务礼仪之分，政务礼仪居中为大，以左为尊；商务礼仪居中为大，以右为尊，对比图如下。

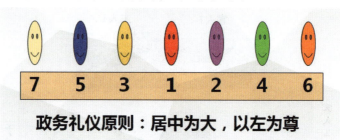

政务会议及活动主席台座次安排

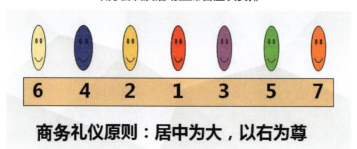

商务会议及活动主席台座次安排

（6）长方形会议室会谈座次安排。

以政务会议及活动为例

（7）沙发室小型会议与商务接洽座次安排。

与上级领导座谈

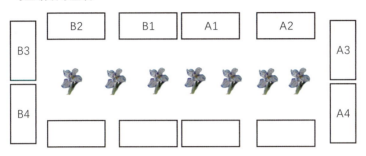

注：A为主方，B为客方

小型会议与商务接洽座次安排

与外宾会谈

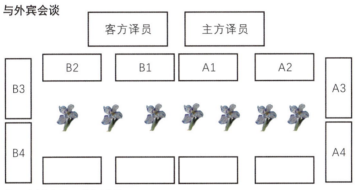

注：A为上级领导，B为主方领导

与外宾会谈座次安排

（8）签约的座次安排。

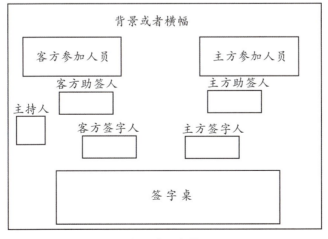

签约座次安排

（9）合影拍照位次礼仪。合影站位礼仪的基本原则是第一排一般是尊长、领导、客人、贵宾。

国内（政务礼仪）位次安排：先定1号位，先排左边，左尊原则，第二位应排在第一位的左手边。

国际（国外西方国家、外资合资企业）通用位次安排。先定1号位，右尊原则，先排右边，第二位应排在第一位的右手边。

注意，客人不能放在两边。边上的人通常都是东道主一方。

四、宴请礼仪

在商务交往中，宴请已经演化成为一种经常性、被广泛接受的商务活动。宴请可以创造亲近、自然、其乐融融的交际氛围，是联络和增进感情、拓展人脉的重要形式。许多人相信餐桌是绝佳的会谈地点，轻松愉悦的用餐状态非常有利于双方进一步达成共识、促成合作、巩固关系，所以宴请礼仪越来越受到商务人士的重视。因此，无论是宴请活动的组织者还是参与者，都应该对宴请礼仪有所了解，只有这样才能应对自如。这里重点介绍中式宴请礼仪。

（一）宴会准备礼仪

商务宴请是一种重要的社交活动，作为主人应提前做好准备工作。

（1）确定宴请的对象。根据宴请的目的，事先要确定好宴请人员范围、宴请人数，列出详细的宴请清单，包括被宴请人的姓名、国籍、职务、习惯、爱好、禁忌等，以便确定宴请的规格、形式及主陪人等。

（2）确定宴请的形式。根据宴请目的和对象，确定宴请的举办形式，如中餐、西餐、自助餐、鸡尾酒会等。其中，中餐宴请的形式在商务社交活动中最为常用和方便。

（3）确定宴请的时间。根据主客双方的具体情况协商确定宴请的时间。宴请的时间应避开重大节假日和双方的禁忌日。

（4）确定宴请的地点。选好用餐地点会让你的宴请事半功倍，应考虑：①选择环境优雅的饭店；②选择有当地特色的饭店；③选择口碑好的饭店；④选择客人方便到达的饭店。

（5）确定宴请的菜谱。确定菜谱需要些技巧，根据宴请的形式，以及被宴请宾客的年龄、性别、风俗习惯、健康状况、喜好和禁忌等确定一份适合客人口味的菜单。一般主菜比客人人数多一两个，搭配一个冷盘或汤，不同类型的菜搭配，油腻和清淡的菜也要搭配；确定一两个上档次有特色的菜，不需每道菜都很贵。菜肴总体上应赏心悦目、营养平衡、富有特色并搭配合理，另外还需主随客好，量力而行。

赏心悦目的菜品

（6）宴请的桌次礼仪。《礼记·仲尼燕居》中说："食飨之礼，所以仁宾客也。"在商务宴请中，坐得好才能吃得好，桌次和座次的排列顺序体现主人给予宾客的礼遇规格，要格外注意。商务宴会一般采用圆桌，寓意合作圆满。视参加人数设一桌或多桌，多桌则分主桌和辅桌。

设宴主桌、辅桌示意图

（7）宴请的座次礼仪。在商务宴请中，座次的排列遵循的一般原则是面门为上、以右为尊、近尊远卑、观景为佳、临墙为好。

①面门为上。在每张餐桌上，以面对宴会厅正门的中间座位为尊位。

②以右为尊。在每张餐桌上，以面向宴会厅正门的视角或该桌主人座位的朝向为基准，右侧的座位尊于左侧的座位。

③近尊远卑。在每张餐桌上，距离该桌主人较近座位尊于较远的座位。

④观景为佳。在每张餐桌上，该桌主人的座位视线越广越佳。

⑤临墙为好。在每张餐桌上，该桌主人的座位后方有背景墙为最好。

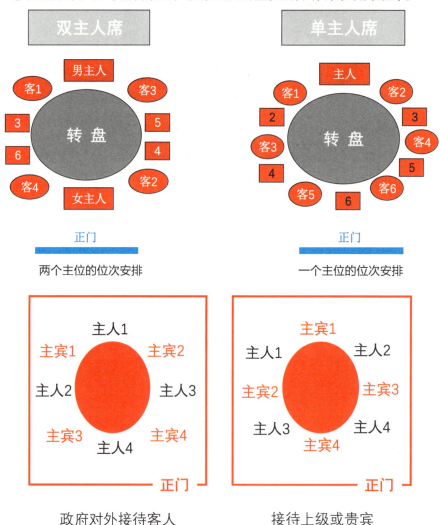

两个主位的位次安排　　　　一个主位的位次安排

政府对外接待客人　　　　接待上级或贵宾

接待客人桌次安排

（8）邀请宾客。邀请的方式分为口头邀请（如口头告知或电话邀请）和书面邀请。通常情况下，商务宴会邀请宾客应采取书面邀请方式，其具体形式为发送请柬。请柬可用红色或粉红色卡片印制，写清参加宴会的时间、地点，宴会名称以及受邀人姓名（被邀请者名字要准确）。

请柬至少提前 1～2 周送达，特别重要的客人需委派专人送达以表诚意。请柬发出后，还应及时落实出席情况，以便安排或调整座位。

（9）巧妙结账。结账时要注意细节并做到：心里有数，不在饭桌上讲价，不在饭桌上买单，私下到服务总台买单。

（二）赴宴的礼仪

接到宴会的邀请，本身是个荣誉，不能看作是一般的进餐。在赴宴过程中应注意以下礼仪规范，做一个气质、风度、修养俱佳的赴宴者。

（1）及时回复。接到宴会的邀请后，应尽快明确并回复是否出席，以便主人掌握出席人数。如不能如期赴宴，要提前告知，并深致歉意。

（2）注重仪表。出席宴会均应提前适度修饰仪表，男士要修整须发，女士要美容化妆，男士、女士均应衣着得体，精神开朗、乐观向上，行为举止温文尔雅，谈吐落落大方，做一个整洁、优雅、彬彬有礼的赴宴者。

（3）准时赴宴。赴宴者应按宴请的时间、地点及其他要求准时出席。不得无故迟到、早退或爽约，以免给主人造成不便。

（4）按位就座。在宴会厅，要按服务员的指引或主人安排的桌次和位次就座。注意自己的举止言行，既不过于拘谨，也不随意散漫。

（5）文雅进餐。宾客入座后，主人招呼客人用餐。有一句话说得好："你在品味食物，别人也在品味你"。在中国，人们自古以来就很重视餐桌礼仪，金庸先生曾经说过："一个人是否值得深交，看他吃饭的样子就知道了。"

吃东西要文雅，要闭嘴细嚼慢咽，不要发出声音，咀嚼时不要张嘴说话。鱼刺、骨头等轻轻吐在自己面前的小盘里，不能吐在桌子上。商务宴会上，要取菜适量，表示厌恶某种食物或某一道菜都是不礼貌的。宴会进行中最好不要边喝酒边吸烟，不要用手指或筷子剔牙，剔牙时要用餐巾或手将嘴部遮住。

（6）把酒言欢。商务宴请的目的性大多比较强，要么联络感情、增进友谊、增进合作、互利共赢，要么表达感谢，增进互信，希望进一步合作。进餐过程中应注意一些规则，让菜不夹菜、敬酒不劝酒。互相碰杯时，酒杯杯沿比对方略低以示尊敬，如无特殊人物在场，要按序敬酒，目视对方致贺词。

在培训中，笔者分享了一个饭桌上即兴讲话的案例供学员们参考，只需记住三个字——感、回、祝，即感谢东道主的热情款待，回忆合作过程中的点点滴滴（可以列举具体事件），深感现今取得的成果来之不易（具体成果），衷心祝愿大家身体健康、工作顺利、阖家幸福，也祝愿下一步合作取得更大的辉煌。

（7）宴后致谢。宴会未结束，一般不宜中途离席，等主人示意宴会结束，方可起身依次离席。离开前应向主人道谢，如"谢谢您的盛情款待""今天的菜肴实在太丰盛了"，并向其他客人告别。如果有事需提前离席，则应向主人及同席的客人致歉说明。

五、互访礼仪

《礼记·曲礼上》说："往而不来，非礼也；来而不往，亦非礼也。"讲的是仅仅有来而没有往，是不合乎礼仪的，因此"来而不往非礼也"成了中国人的相处之道。

在商务交往中，相互拜访越来越频繁，掌握一定的互访礼仪，不仅事关个人和企业形象的塑造，也会对互访的效果产生一定的影响。

互访礼仪形式主要有电话礼仪、互访之道和馈赠礼仪。

（一）电话礼仪

电话是人类有史以来使用最为频繁、最便捷的通信设备。电话是商务活动中必不可少的一种联络工具，人们通过通话内容大致能判断对方的性格乃至人品。为了塑造良好的公司形象和个人形象，商务人员在使用电话时应遵守电话礼仪。所谓电话礼仪，是指在拨打、接听电话（此处特指固定电话）和使用手机时所应遵守的礼仪规范。拜访客户前，用电话事先进行沟通，也是一件非常有礼貌的事。

（1）选择拨打时间。商务电话通常在受话人的工作时间段拨打，一般在上班后 15 分钟、下班前 15 分钟，不要在下班之后拨打，更不宜在用餐、午休、深夜、凌晨及公休假时间拨打，紧急事情除外。若给国外的客户打电话，还应注意其所在地与国内的时差。

（2）做好通话准备。拨打重要电话前，应提前拟出明确的通话要点、顺序及对方可能会询问的问题，备齐与通话相关的文件资料，准备好笔、纸，以便记录通话时的重要信息，最好能掌握"5 W 1 H"的通话小技巧：When（何时）、Who（何人）、Where（何地）、What（何事）、Why（为什么）、How（如何进行）。

（3）控制通话时间。商务电话的通话时间一般应控制在 3 分钟之内。通话结束时，应当礼貌地向受话人告别，如"谢谢您，再见！""再见！祝您工作愉快！""再见！有时间我们再联系"。挂电话时，应轻放听筒，以免引起对方误会。

（4）选择通话环境。拨打电话时，应选择安静的通话环境，并考虑受话人所处的环境，不要在嘈杂喧闹的环境中通话。若在公共场合通话，不应谈及较为秘密的事务或需要回避的事宜，长话短说，自觉遵守公共秩序。

（5）通话过程仪表。接打电话时，身体应保持端坐或站立，拿起话筒，使自己的口部与话筒保持 2 ~ 3 厘米的距离，问候并做自我介绍。语调平稳柔和、面带微笑、声音清晰、吐字清楚，给对方留下良好的印象，通过声音向客户传递愿意为其服务的信息。如果对方要找的人不在，切忌只说"不在"，应做好电话记录后代为转达。不要对打来的电话说"我不知道"，这是一种不负责任的、不职业的、不友好的表现。

（6）有序挂断。挂断电话时，通常应遵循以下顺序：男士与女士通话时，由女士先挂断，男士后挂断；上级与下属通话时，由上级先挂断，下属后挂断；同级别的人通话时，原则上由打电话者先挂断，接电话者后挂断，不可只管自己讲完就挂断电话。

（7）使用手机的礼仪。手机是一种移动电话，它已成为使用最频繁的电子通信工具。在使用手机时，应当注意以下方面的礼仪。

①置放到位。手机应放在合适的位置，如随身携带的公文包内或上衣内口袋内。与人交谈时，可把手机暂放手边、身边等不起眼处，不要将其挂在脖子上或别在腰部。

②注重场合。使用手机时应选择合适的场合，以免给他人带来不便。通常，在商务会议、庆典、签约仪式或宴会等场合，应将手机调成振动或静音状态。必要时，可暂时将手机关机或委托他人代为保管，以示对在场交往对象的尊重，或对商务活动的重视。

③保持畅通。为保持与外界联络畅通，应准确无误地将手机号码告知交往对象，并确保手机话费和电池电量的充足。若更换了手机号码，则应及时通报交往对象，以免联系中断，造成不必要的损失。

④慎用短信。手机短信是常用的一种沟通方式。必要时可以使用手机短信向交往对象预约重要电话、发送节日祝福或善意的工作提醒，但切忌向交往对象发送低级趣味性或欺骗性短信，更不可利用短信传递商业秘密。

⑤礼用微信。微信在日常沟通中越来越普及，在进行商务活动时，也经常用微信加强联系和沟通，因微信可以图文并茂地传达想法和意见，简单便捷。在使用过程中提倡要礼用微信，应注意以下方面。

第一点：添加微信。商业伙伴添加微信时，晚辈添加长辈或上级的微信时，双手递上手机，正面向着对方，晚辈扫长辈或上级的微信二维码。加微信后，主动问候，主动自我介绍，并做好备注。

第二点：及时回复。当收到信息时第一时间要及时回复，如果忙，需回复："已收到，现在开会中（出差中，外出中），晚点再回复您！"如果当时确实无法回复，过后一定要解释说明，不能不了了之，这是对对方的基本尊重。

第三点：发文字优于发语音。一般情况下发语音信息快速方便，比较省事，但却会给对方带来不便，比如对方在开会或不方便听语音的情况下，而文字则最直接明了地表达了自己想要表达的内容，同时也节省了彼此的时间。如用微信发通知，一定要发文字并加上"收到请回复"，如是请示，最好写上"请领导批示"。

第四点：巧妙利用表情符号。微信有别于面对面对话，对方看不到你的表情，不了解你的情绪，如果恰当地使用微信表情，可以帮助拉近双方之间的关系，容易产生亲近的感觉，促进合作的成功。

第五点：注意发信息的时间。如果不是特别紧急的事情，早上 8 点以后，晚上 10 点之前发信息比较适宜，不会打扰到别人休息。另外应有事就说事，没事别总问"在吗？"以免引起对方不快。

第六点：不随便拉人进群。做微商的要格外注意，在拉别人进群之前，应事先与对方沟通，待对方同意后方可邀请进群，对方愿意进群，说明可能是你的潜在客户，若不愿意，说明对方还不信任你，短期内不可能成交，不要生拉硬拽。否则如果被对方拉黑或删除，就得不偿失了。

第七点：常说"谢谢"。当你提出问题后，不管对方是否回答到位，都应表示感谢。

（二）互访之道

《诗经》有云："谦谦君子，赐我百朋。"人们往往都喜欢跟君子往来，因为君子正念、正心、正行，君子懂礼节、重礼节。古代常把人分为三种：圣人、君子、小人，圣人非常人能做，小人又不屑去做。提倡学做君子，因为人们愿意尊敬君子、认同君子、亲近君子。按君子的品性要求自己，秉承"君子爱财取之有道"理念的商人，称之为儒商。

儒商，源于儒家思想，即为"儒"与"商"的结合体，既有儒者的道德和才智，又有商人的财富与成功，儒商注重个人修养，诚信经营，有较高的文化素质，注重合作，具有较强的责任感。

儒商有超越功利的最终目标，对社会发展有崇高的责任感，有救世济民的远大抱负和忧患意识，有达则兼善天下的博大胸怀。

儒商是中国自古以来，人们愿意交往的对象及合作的伙伴，儒商的形象会无形之中拉近个人与他人的距离，拓展人际关系。新农人如果要想成为新儒商，除品性修养要加强外，待人接物也需要进一步学习。接人待物的互访礼仪，包含拜访礼仪及接待礼仪。新农人在拜访或接待其他单位或个人之前，应当做好充分的准备，这不仅能提高互访的成功率，也是对互访对象的尊重。

（1）拜访礼仪。应掌握的主要内容如下。

①事先预约。拜访之前提前预约，这是最基本的礼仪，让对方有所安排并做好思想准备。预约时需与对方确定的内容有拜访的时间、地点和人物。一般情况

下，应提前 3 ~ 7 天，通过打电话或发送电子邮件等方式进行预约。

②资料准备。明确拜访的目的和性质，明晰拜访的核心目标和宗旨，准备好沟通的切入点。对拜访对象的性格特点、教育背景、兴趣爱好、生活习惯、社交范围、公司经营现状、在同行业中的地位、业务种类、公司最近的动向、主要客户等有一个大致的了解。了解得越详细越容易确定一种最佳的方式来与拜访对象交流沟通，做到知己知彼，利于达到拜访的目的。如果是推广公司产品，应准备好产品说明书、企业宣传资料、名片、价格表、宣传品及同行业具有典型代表的公司资料。

③仪表准备。注意个人的仪容、仪表、仪态，穿着得体，举止大方，儒雅端庄，力求给客户留下良好的第一印象。

④恪守时间。拜访时间一定要准时，最好提前 5 ~ 10 分钟。到达后先告知前台人员，若不能被马上接见，就在指定地点耐心等待。等待期间不宜大声喧哗，随意走动，乱翻别人的资料，同时与在此进出的工作人员点头示意，行注目礼。

⑤礼貌登门。被访者的房门不论是关着还是开着，走进房间前都应先敲门，力度适中、间隔有序地敲三下，等待回应，得到允许方可进入。进门后，应先向主人问好，如果是初次见面，还应稍作自我介绍，如果拜访对象的同事或其他客人也在场，则应主动向他们致意问好。

⑥用茶礼仪。《礼记》有云："凡奉者当心，提者当带。"讲的就是凡捧东西的人要捧在心口处，凡提东西的人手要上屈到腰带处。在拜访中，特别是领导或长辈为访客上茶时，访客应当起身站立，双手捧接，行鞠躬礼，并道以"谢谢"。品茶后，访客应适当称赞拜访对象。拜访对象续茶时，访客也要用双手端起或扶住茶杯，并致谢，对于拜访对象准备的茶点，访客应略加品尝并给予赞赏。

⑦言谈恰当。准备与拜访对象交谈时，最好关掉手机或将手机调为静音。与拜访对象交谈时，宜开门见山，紧贴主题，言辞有礼，不宜东拉西扯，浪费拜访对象的宝贵时间。当与主人意见不合时，应注意调整谈话技巧，切勿争吵。

⑧择机告辞。当拜访进行到一定阶段时就应择机告辞。一般而言，当拜访时间持续了近一小时，拜访对象有结束会见的表示（如主人说出"今天我们就谈到这儿吧"之类的话）或拜访对象有其他客人来访时，就应主动提出告辞，并主动伸手与拜访对象握手告别，同时感谢对方的盛情款待。

（2）商务接待。

商务接待是商务活动中非常重要的一个环节。有些商务人员认为商务接待就是与对方尽情闲聊、喝咖啡、喝酒的一个借口，像与朋友相处那样随便。实则不然。商务接待是从更高一个层次上展示公司形象，积累关系资源，推进业务开展，因此要高度重视并树立强烈的机遇意识、责任意识。要想从商务接待中获得真正的价值，必须把商务接待作为一项极其重要的任务来完成，并保证高质量地完成每一次接待任务。

1999年11月，广西壮族自治区人民政府举办第一届南宁国际民歌艺术节，笔者有幸作为翻译参加了这次南宁国际民歌艺术节的境内外贵宾的接待工作。笔者的工作是做好美国歌手理查德·马克斯、香港歌星梅艳芳及台湾歌星孟庭苇的接待工作。

为做好接待工作，笔者接受了严格的礼宾礼仪培训，小到一抬腿一投足的礼仪规范，大到了解三位歌星的衣食起居、生活习惯、往来航班、行程路线及需要重点介绍的广西风土人情，事无巨细，一一做出了详细的计划安排，并严格地执行完成。

2007年，受广西壮族自治区商务厅邀请，笔者负责接待前来南宁参加中国－东盟博览会的中国驻泰国的商务参赞，并陪同参赞出席为欢迎东盟十国贵宾而举办的国宴等一系列活动。商务厅领导要求要将中华礼仪的精华内化于心、外化于行，热情、耐心、细致、高质量地完成接待工作。在这次的接待过程中，对每位负责接待的工作人员，都要求制订一份详细的接待表，从接机到送机，细致到每一分钟。

通过这两次较高规格的接待，笔者认为要做好接待工作，需要做好以下5点。

①了解客人信息。在接待客人之前，首先了解接待对象的基本情况，尤其是客人的个人简况（如姓名、性别、单位、职务、大致年龄等）、来访人数、所乘车次、抵达时间、达到地点，如有必要，还需了解客人的民族、宗教信仰、教育背景、健康现状、风俗习惯、特殊禁忌等信息。

②制订接待方案。不同身份的来宾，接待工作的重心有所不同，需制订具体接待的方式、档次、预算支出费用、交通工具、会议章程、活动流程、食宿安排、安保宣传等细节，迎送的规格礼仪要周全。

③待客彬彬有礼。以主人翁的心态，彬彬有礼地待客，严谨、热情、主动、细致、周到，想客人之所想，急客人之所急，与客人交谈言出有理、言出有物，谨记"良言一句三冬暖，恶语伤人六月寒"，令客人有宾至如归之感。

④热情挽留。送客比较得体的做法是客人提出告辞时，主人一般要热情挽留，切记不要在客人一提出告辞之意时，就积极地送客、抢先起身送客，这样会有逐客之嫌。

⑤礼貌相送。送别是决定来访者能否满意离开的最后一个环节。诗仙李白著名的诗句"桃花潭水深千尺，不及汪伦送我情"就道出了依依惜别之情。

与客人在门口、电梯口或汽车旁告别时，要与客人握手话别。握手的同时，主人应请客人多多包涵接待工作的不妥之处，并发自内心地向客人道惜别之语，如"欢迎再来""我们常联系""请慢走""再见"等。对于远道而来的重要客人，还需将其送至机场、码头、车站等处。对于离得较近的客人，一般应将客人送至其单位的大门口，目送客人离开后方可返回。正所谓"三分迎，七分送"，善始善终的接待会加深客户对公司的了解，从而增强与公司合作的信心，促进双方业务的进一步发展。

（三）馈赠礼仪

在现今的商务活动中，恰当的礼物能充分表达拜访者对客户的友情和敬意。礼物就像无声的使者，它是客户建立良好沟通渠道的媒介，也能使商务交往锦上添花。但如何挑选适宜的礼品、得体地接受客户的礼品却并非易事，以下就是一些应掌握的原则和技巧。

（1）赠礼礼仪。常言道："授人玫瑰，手留余香。"挑选适宜的礼品不仅要考虑馈赠对象的性别、年龄、职位、身份、性格、喜好、数量等多种因素，还要对所选礼品进行精心包装。经过精心包装的礼品，会显得更加精致、典雅、郑重，会给受赠者留下美好的印象。

内含祝福话语的礼物

①馈赠六要素。馈赠要考虑六个方面的问题：送给谁（Who）、为什么送（Why）、送什么（What）、何时送（When）、什么场合送（Where）、如何送（How）。

②馈赠五原则。

独特性原则：能体现人无我有、人有我优、人优我新的独特性礼品尤其受到客户的青睐，因为它能让客户充分感受到拜访者的真心、用心和情谊。

时机性原则：馈赠礼物时，选择适当的时机是最重要的，一般情况下，不宜在公开场合送礼。不当众赠与某一个人礼物，以免受礼之人有受贿之感，没受礼之人倍感冷落，产生不必要的尴尬。

时效性原则：因每个人的经济状况不同、年龄不同、文化程度不同、喜好不同，就礼品本身的实用价值而言，实用性的要求也就不同。而且，中国人很讲究"雪中送炭"，即要注重送礼的时效性，在把握对方心理需求的基础上，最好挑选当下比较流行的礼品，如果过季了就不适宜了，效果会适得其反，因为只有在最需要时，得到的礼品才是最珍贵、最难忘的。

宣传性原则：在商务交往中，还要注意礼品的宣传性，即在交往中所使用的礼品，意在推广宣传企业形象，并非贿赂、拉拢他人。

便携性原则：当客人来自异地他乡时，赠送的礼品要不易碎、不笨重，便于携带。

清新秀丽的包装盒

轻便易携的礼品

上图的白团扇，是新农人梁巧恩赠送给笔者的其公司的茉莉花文化创意产品，大方、美观、典雅，富有文化气息而且便于携带。

（2）馈赠六禁忌。由于民族、生活阅历、生活习惯、宗教信仰以及性格、爱好的不同，不同的人对同一礼品的态度会各有不同，因此送礼要送到点子上，避免产生误会。

①不送过于昂贵的礼品。

②不要选择无质量保障或伪劣产品。

③不送不合时宜、不健康之物。

④不送轻易让对方产生误解的物品。

⑤不要送触犯对方禁忌的物品。

⑥礼品上不要带有价格标签。

（3）受赠的礼仪。受礼和答谢是受赠者对馈赠者深厚情谊的肯定，它可以从另一方面帮助馈赠者完成送礼的心意和任务，具体应注意。

①欣然笑纳。接受礼品时，受礼者应持开放、乐观、积极的心态，充分感受到对方赠送礼品的真诚和友善。在接受礼品时，应当起身站立，面带笑容，用双手自然大方地接过礼品。然后，用左手托好礼物（大的礼物可先放下），伸出右手来与对方握手致谢。

②握手致谢。接受礼品时，应充分表达自己真诚、友好的谢意。如果是贵重礼品，事后还需用打电话、发微信、发电子邮件等方式再次表达谢意，必要时还应选择适当的时机加以还礼。

③启封赞赏。按照国际惯例，礼应当着赠礼者的面，拆启礼品的包装，启封时，动作文明有序，放好包装用品后，认真地对礼品进行欣赏、赞叹！

（4）拒收礼品的方法。一般情况下，不拒收他人的礼品，但当他人赠送的礼品超过了公司规定的限度，或认为他人的礼品欠妥时，受赠的商务人员应礼貌地拒绝，但一定要注意礼节，尽量不要伤害送礼者的感情。符合商务礼仪的拒收礼品的方法，通常因人因事而有所不同，一般常见的有3种方式。

①婉言相告。即用委婉的语言拒绝，如拒绝他人赠送的昂贵手机时可以说，"谢谢您的好意，但我还是习惯用现在这部手机"或"谢谢您的好意，但我不习惯用这个品牌的手机"等。

②直言缘由。即直截了当地向赠送者说明自己难以接受礼品的原因。在商务交往中拒绝礼品时此法尤为适用。例如，拒绝他人赠送的大额现金或贵重礼品时，可以明确地说"我们有规定，不能接受现金或有价证券"或"按照规定，我不能接受您送的这件礼品"等。

③事后退还。若在事后拆封时才发现礼品过于贵重，则应该尽快将礼品退还给赠礼者。退还时，应向其说明退回礼品的理由，并表示感谢。

第三章　新农人·新志向

"大国之大，也有大国之重。千头万绪的事，说到底是千家万户的事。"在二〇二二年新年贺词中，习近平主席温暖的话语，真挚的感情，彰显出大党大国领袖深厚的人民情怀，诠释了中国共产党人全心全意为人民服务的理想信念。

人的志向有多强大，宇宙就会为其配备多大的能量，有多大的能量就能驾驭多大的事，就能成就多大的业。这就是儒家倡导的志存高远，建功立业，这也是"正等正觉"的究竟智慧、"天下归仁"的大同世界和"天人合一"的宇宙境界。毛泽东主席 24 岁时在《心之力》中第一句话"宇宙即我心，我心即宇宙"，展示了改变国家命运的凌云壮志及崇高信仰。习近平总书记的"我将无我，不负人民"彰显了其伟大志向与勇气担当！

第一节　忠诚与感恩

忠、孝是中华民族的传统美德，也是修身、齐家、治国的根本。中华民族历来崇尚忠诚，把忠诚视为一种品德、一种责任、一种信仰。没有忠诚，就没有凝聚力，国家、民族就会像一盘散沙，分崩离析。而没有孝顺，就没有责任，家庭就会支离破碎，怨声载道。

何为"忠"，何为"孝"，《说文解字》称："忠，心也，正也。"意思是说忠于自己的心，继承先祖传统，勇于追求真理，坚持正义的精神。《说文解字》对孝的解释："孝，善事父母者。从老省，从子；子承老也。"意思是孝是善于侍奉父母长辈，尊敬和顺从父母。"

儒家将"孝"当作一切善行的根本，百善孝为先，"孝"是儒家家庭伦理的基石。"忠"和"孝"的内核都是爱，是扩充了爱父母的心，而爱国家、爱人民，即从狭义的爱转到广义的爱，由爱自己的父母转到爱全天下的"父母"。天下大德，莫过于忠与孝！忠是立国之本，孝是立家之本，中华文化是家国文化，民族情怀是家国情怀，因为家是最小国，国是千万家！

新农人的新志向就是要忠于国家，孝顺父母，"老吾老以及人之老，幼吾幼以及人之幼"，带领父老乡亲共同致富，奔向幸福美好的生活！

党的十八大以来，以习近平同志为核心的党中央高度重视家庭文明建设，积极回应人民群众对家庭建设的新期盼新需求，推动社会主义核心价值观在家庭落地生根，推动形成社会主义家庭文明新风尚，强调广大家庭都要弘扬优良家风，以千千万万家庭的好家风支撑起全社会的好风气，因为构成"千家万户"的一个个家庭，是社会的基本细胞。

一、忠臣必出于孝子之门

《说文解字》中，"忠，敬也"，由"心"和"中"构成，意思是心在正中，没有二心，"尽心曰忠"。"诚，信也"，由"言"和"成"构成，表示言行一致，言而能成。朱熹在《四书章句集注》解释忠的含义："尽己之谓忠。"孔子对忠有具体解释，如《论语·八佾》中，"定公问：'君使臣，臣事君，如之何？'孔子对曰：'君使臣以礼，臣事君以忠。'"《孟子·离娄上》云："诚者，天之道也；思诚者，人之道也。"讲的就是"诚"是上天的准则，追求诚，是为人的准则。

儒家经典《孝经·开宗明义章第一》便讲："夫孝，始于事亲，中于事君，终于立身。"说的就是实行孝道，开始于侍奉父母双亲，将对父母的孝顺之情给予国家时，孝便是忠。当一个人为百姓谋福祉，为国家做奉献，他便能够立身行道，扬名于后世。《三字经》："首孝悌，次见闻。"儒家圣贤思想中的"不独亲其亲，不独子其子"，说的是不仅仅是对自己的父母好，而是要对全天下的父母好。当天下太平，百姓安居乐业，父母自然也乐享其中，唯有秉持忠、孝的信念，社会才能和谐，才能进步，才能更加美好。

2016年12月12日，习近平总书记在会见第一届全国文明家庭代表时强调："家风好，就能家道兴盛、和顺美满；家风差，难免殃及子孙、贻害社会，正所谓'积善之家，必有余庆；积不善之家，必有余殃'。"习近平总书记还强调，要积极传播中华民族传统美德，传递尊老爱幼、男女平等、夫妻和睦、勤俭持家、邻里团结的观念，倡导忠诚、责任、亲情、学习、公益的理念，推动人们在为家庭谋幸福、为他人送温暖、为社会做贡献的过程中提高精神境界、培育文明风尚。

为贯彻和落实党中央和习近平总书记的重要讲话精神，全国各地积极开展社会主义家庭文明建设新风尚活动，笔者也应邀开始了"感党恩　传家风""知书达礼好家风""礼润书香润万家"的宣讲工作，并结识了一些忠于国家、孝顺父母、带领父老乡亲共同致富的新农人。

其中广西桂林市恭城瑶族自治县红岩村党支部书记朱培铭就是孝顺父母，忠于家乡，用赤子之心带领乡民走农旅融合发展之路的典范。

【案例八】朱培铭扎根故土打造特色红岩新村

广西桂林市恭城瑶族自治县山水环抱、空气清新，红岩村在以党支部书记朱

培铭为代表的村委的带领下，民风淳朴，清洁雅致，村民们过着宁静安好的小康生活！

朱培铭于1995年在广西大学完成了他成人班市场经济法专业的学习，因惦记家乡——广西桂林市恭城瑶族自治县红岩村，牵挂务农的母亲，胸怀父老乡亲和乡土之情，毅然放弃同学们"下海"发展的邀请，回到家乡故里，立志为红岩村的发展做贡献！

回乡后的他，积极肯干，吃苦耐劳，知书达理，得到领导和乡民的一致好评，1997年被推举担任竹山村委副主任一职，管理和服务红岩片区。他胸怀这片乡土，一心想要服务好人民，成为了村民管理委员会的一员，操办着红岩新村各种各样的建设任务。

广西桂林市恭城县红岩村党支部书记朱培铭

20世纪90年代初期，在政策的支持下，部分村民通过种植月柿提高了收入。恭城开始大搞新农村规划，完善基础设施，打造特色月柿乡村。2003年村委会换届，朱培铭因其努力、上进、认真、团结，当选为竹山村委主任，带领红岩村民向政府申请"富裕生态家园试点"项目，得到政府的大力支持。红岩新村高起点规划从此正式拉开序幕！

红岩村柿子林

万亩柿林、月柿博物馆、柿子博览园、滚水坝、梅花桩、民宿群等别具一格的景观建设，都倾注了朱培铭的用心肯干、艰苦奋斗、远见学识、智慧与青春，他激发了乡民们的致富勤奋精神，齐心协力将红岩村建设成为名副其实的"富裕生态家园"。2004年至今，红岩村先后荣获"全国农业旅游示范点""中国十大魅力乡村""全国文明村""中国少数民族特色村寨""中国村庄名片"等称号。

红岩村新风貌

　　红岩新村因"月柿节"而走红，《月柿红了我在恭城等你》是知名青年音乐人白健平为歌手杨子莹量身打造的一首推广恭城月柿的原创歌曲。杨子莹将恭城月柿唱响祖国大地，让更多人在恭城红岩村每年11月的月柿节里感受美好的乡土气息及香甜脆口的月柿。

红岩村热闹的夜晚

正因此优异的成绩，朱培铭书记到北京参加全国十名杰出青年颁奖仪式，获得桂林十佳创业明星称号；多次荣获县、市优秀共产党员、优秀党务工作者称号。朱培铭书记并未停止脚步，他将带领乡民持续踏上农旅融合发展道路，争取收入再创新高，为中国乡村振兴贡献力量。

二、感恩成就美好人生

感恩是一种善良的秉性，是一种至纯的境界，是一种真诚的生活态度，更是一种强大的社会责任。

首先，我们要感恩伟大的祖国、伟大的党。中国共产党的根本宗旨是全心全意为人民服务，我们的国家是人民当家作主的社会主义国家。在农业领域，我们应感恩党中央所颁布的《中共中央 国务院关于全面推进乡村振兴加快农业农村现代化的意见》《农业农村部关于加快农业全产业链培育发展的指导意见》《中共中央关于制定国民经济和社会发展第十四个五年规划和二〇三五年远景目标的建议》等一系列惠民惠农政策，这些政策一再强调坚持把解决好"三农"问题作为全党工作重中之重，把全面推进乡村振兴作为实现中华民族伟大复兴的一项重大任务，要举全党全社会之力加快农业农村现代化，让广大农民过上更加美好的生活。

这一系列惠民惠农政策，为农业发展指明了方向，为新农人施展才华提供了广阔的平台、坚实的保障、坚强的后盾、坚定的信心，也终将会造就农产品丰厚的产量、优良的品质和农业产业辉煌的业绩！

其次，我们还应感恩家人，家人给予我们心灵的温暖。家庭是国家繁荣、民族富强、社会和谐的基本载体。家庭是人生的港湾，扬帆起航的港口，更是心灵的归宿，这心灵的归宿就体现在家风家德的传承上。

感恩的能量是巨大的，它可以转化为报效祖国的信念，报答父老乡亲的心念，也可以转化为事业向前的动力和克服前进道路上重重困难的毅力。广西合浦县乌家镇大新村委龙秋井人余富强就是这样一位知恩感恩的新农人。

【案例九】余富强带动家乡人民脱贫奔小康

余富强是广西合浦县乌家镇大新村委龙秋井人。2015年加入中国共产党，成为北海市青年创业促进会会员。2016年成立合浦县龙秋井农产品种销农民专业合作社，担任理事长。2017年成为北海市青年联合会委员。2019年担任乌家镇商会副秘书长，同年成立合浦县乌家镇亿华种养农民专业合作社联合社，担任理事长。2020年10月，加入北海市农村致富带头人协会。

余富强在田间劳作　　　　　　余富强参加新农人企业家培训

2011年，余富强去参加一位伙伴的婚礼时，看到隔壁人家的水肥一体化技术种植哈密瓜和辣椒效益非常好。他心里一酸，不由想起自己几乎每次回老家，都有乡亲向他借钱给读书的孩子交伙食费。"一个人富不算富，一定要学习更科学的种植方式，回家带动周边的村民一起致富"，余富强那时就下定决心要回乡搞种植。

为表达回乡创业的决心，他特地去做大家公认最辛苦的工作之一——伐木工。2012年8月，只有23岁的余强富带着一张席子、一张被子、一盒蚊香和一副碗筷与村里四五十岁的叔叔们一起住进了大山里。没有电、没有房子、手机信号不好，日常用水也只能从水沟里取。天还没亮就得开始搬70多千克一根的木条装车，晚上伸手不见五指的时候才能收工。身上的衣服被汗水浸透着从早到晚就没有干过。伐木这个工作他一干就是28天。

家人看到了余富强的决心，主动拔掉了近4亩还差一个多月就有五千多元收益的木薯，腾出地来给他搞种植。他先尝试种黄秋葵，又种白皮白肉的香瓜，还种了绿宝石香瓜，但均以亏本告终。经历多次失败后，余富强学会冷静思考，他不断学习种植技术，了解产品土壤、气候等知识，总结失败原因，分析产品市场价格、销售等。2015年，余富强成为北海市青年创业促进会会员，2018年参加北海市共青团干部组宣素养提升暨北海青联委员履职培训班。他先后去北京、深圳、贵阳、南宁、遵义、湄潭、桂林等地向种植基地的专业人员学习种植技术。

经多次尝试，加上种植技术经验的积累，余富强找到了经济效益高又适合当地种植的农产品。目前常态化种植的农产品有香蕉、粉蕉、辣椒和马铃薯。其中，香蕉、粉蕉的年产量达 800 吨，年产值达 350 万元，销往福建、广州、香港、北京、上海、江苏等地。

余富强参加合浦县党代会

路途虽艰辛，初心仍不忘。"我回来发展的动力和目标就是带动村民共同致富"，这是余富强返乡创业的初心。农产品种植、管理和收成的过程需要大量劳动力，给附近村民提供了很多工作机会。2020 年，余富强被评为"北海市农村青年致富带头人"。他先后成立了农产品种销农民专业合作社和农民专业合作社联合社，通过帮助周边农户解决种植材料购买价格贵、缺乏种植技术、产品价格上不去等难题，带动周边零散农户共同发展种植业。

这就是余富强的乡土情怀，他心里装着乡亲父老的民生大计，脑袋里想着带领村民脱贫致富，心怀感恩，方成大业！

三、忠诚与感恩为优良家风筑基

2017 年 3 月 5 日，习近平参加十二届全国人大五次会议上海代表团审议时，询问上海奉贤区"奉贤"的含义，肯定家风、村风与民风建设。时隔数月，习近平总书记在中央农村工作会议上指出："乡村振兴，既要塑形，也要铸魂，要形成文明乡风、良好家风、淳朴民风，焕发文明新气象。"总书记对家庭文明建设的重视，始终如一，他曾强调："要旗帜鲜明反对天价彩礼，旗帜鲜明把反对铺张浪费、反对婚丧大操大办、抵制封建迷信作为农村精神文明建设的重要内容，推动移风易俗，树立文明乡风。要发挥红白理事会、村规民约的积极作用，约束村民攀比炫富、铺张浪费的行为，引导树立勤俭节约的文明新风。"

"家风"是指"一个家庭或家族的传统风尚或作风"，体现了一个家庭在道德准则、价值取向、生活习惯以及品位风尚等方面的特点，由父母或祖辈提倡并能身体力行和言传身教，是一种无言的教育，对家族成员的心灵起到潜移默化的作用，塑造着家族成员的人格。

《中共中央　国务院关于全面推进乡村振兴加快农业农村现代化的意见》中党对"三农"工作的全面领导明确提出：一要加强新时代农村精神文明建设，弘扬和践行社会主义核心价值观。二要深入挖掘、继承创新优秀传统乡土文化，把保护传承和开发利用结合起来，赋予中华农耕文明新的时代内涵。三要推动形成文明乡风、良好家风、淳朴民风。

"家立五仪"就是形成文明乡风、良好家风、淳朴民风行之有效的推手和载体。五仪源于儒家倡导的"仁、义、礼、智、信"五德，儒学强调仁的维度，倡导要成为君子，并确定君子的行为规范和道德标准是从仁开始的，通过"仁、义、礼、智、信"五德来修身、齐家、治国、平天下。

2014 年 5 月 4 日，习近平总书记在北京大学师生座谈会上引用儒家经典《大学》时说："古人说'大学之道，在明明德，在亲民，在止于至善。'核心价值观，其实就是一种德，既是个人的德，也是一种大德，就是国家的德、社会的德。国无德不兴，人无德不立。如果一个民族、一个国家没有共同的核心价值观，莫衷一是，行无依归，那这个民族、这个国家就无法前进。"

"家立五仪"即在家庭中立五种仪规，立五种美德，让中华文化的五德信仰和谐邻里乡亲，友爱亲朋好友，造福千家万户！

第一仪：一家人定期搞家庭大扫除——培养仁德。

家里环境卫生干净，物品摆放整齐有序，目之所及看得顺心，居住于其中会感觉舒服、舒适、安心。反之，家里环境邋遢凌乱、乱七八糟，对应的也会让人感到心烦意乱、杂乱无章，甚至让人感到头晕脑胀，这自然会影响人的生活品质乃至生命质量！

一家人协同合作，定期搞家庭大扫除，就是让家里存在的污浊、灰尘等不好的磁场气息得到清理清除，给家庭的有用物品做个有序收纳归位，给不用了的废弃物品做个断舍离。

一家人在分工协作进行家庭大扫除的过程中，也能够体会到平时主要承担家务劳动的家庭成员付出的不易并产生同理心，从而生起主动配合乃至主动承担家务活的责任感。一个人做事担当的责任感立起来了，那么随着做事的不断深入持续，做事的细心、耐心、恒心、韧劲、协调能力、把控能力、抗压能力都会得到逐步的增强，进而处理事情的综合能力得以提升，并在做事效率提升的同时，生命能量也同步得到增长。

大扫除清理的不仅是环境，更是清理家庭能量场。《朱子家训》云："黎明即起，洒扫庭除，要内外整洁。"洒扫清洁不仅恢复事物原本面貌，也去除负面能量和心灵灰尘堆积，创造家庭物质环境和人文环境的可持续发展。

《礼记·乡饮酒义》："养之，长之，假之，仁也。"仁是有德者之称，指事物中有恩于万物长育者。而一家人定期搞家庭大扫除，正是营造清新整洁的环境，培养家庭成员热爱劳动、爱护环境、团结协作的仁德载体。

第二仪：制订家训、家规——培养义德。

家训、家规为家族传承、世代沿袭的为后世子孙定下的为人处世的原则、规范、义理和行为架构。国有法，家有规，家教传承有规范，人遵仪规有教养，社会秩序有井然。家庭是社会的基本单位，家庭有规范秩序，社会也能够有序发展。

俗话说，没有规矩不成方圆。做事有原则，按规矩办事，正体现了个人的家风家教涵养。在家庭中，从小养成遵守家规家训的为人处事习惯，长大后进入学校、社会，参加学习、工作，与更加广泛的人群来往，与人交谈、共事，言谈举止体现严谨自律、宽厚待人的处世原则，在坚持按原则办事的前提下，有大局观念，做到为他人着想从而赢得他人的信赖，赢得领导的赏识与下属的尊敬。对外与客户的商业往来关系维系得好，合作共赢，对内与领导和下属的协调协作关系维系得好，和睦相处，这正是从小养成遵道义、守家规、贵品德的良好习惯的成果体现。

在制订家规、家训时可参考历史名人的做法，如《曾国藩家书》《颜氏家训》《王守仁家训》《朱子家训》《诫子书》及培养熏陶出钱伟长、钱三强、钱学森等国家栋梁之材的《钱氏家训》等。再结合自己祖辈传承下来的优良品质、世界观、人生观、价值观，制订家规、家训。

《孝经》开宗明义章第一：夫孝，德之本也，教之所由生也。夫孝，始于事亲，中于事君，终于立身。通过制订家规、家训，可培养个人对祖宗恩德的感念，进而培养对国家尽忠的情怀和大义。制订家规、家训要有一定的仪式，例如焚香、净手等。遵守家规、家训，也是讲义德的表现，一家人聚在一起同甘共苦、彼此信任，一起遵守同样的规则，凝心聚力，共同创造美好幸福的生活！

第三仪：定期走访亲戚、亲朋好友聚会——培养礼德。

中国自古就有走亲戚一说，亲戚越走越亲，定期走访亲戚，亲朋好友时常聚会，人被亲情、友情所包围，内心就会感到温暖、祥和。到亲朋好友家做客，以礼相待，礼尚往来，这就是礼德传承。待人有礼，也是发自内心对他人的尊重，古时老百姓对一个人最好的夸奖就是说这个人知书达礼！亲戚之间、好友之间定期聚会来往，可以增加亲情连接的紧密度和友好和谐的关联度。亲戚再亲，若不时常往来，久而久之，这份亲情也会随着时间的流逝、岁月的消磨而渐渐疏远。朋友再远，时常联系问候，也能够增加彼此之间的友谊。

孔子曰："有朋自远方来，不亦乐乎？"有朋友从远方来拜访探望、学习交流，这难道不是很令人高兴喜悦的事情吗？常言道，人生有限，得一二知己足矣！遇到迷茫、情绪低落、人生低谷时，有亲朋好友陪伴、开解、引导、解惑，让自己走出困境，让自己回归到平和的状态，这难道不值得高兴吗？正所谓人逢喜事精神爽！遇到喜事、结婚、生子、升学、升迁，把这些好消息告诉分享给亲朋好友，或者约亲朋好友相聚向他们告知这些好消息，这难道不是值得庆祝、让更多的亲朋好友也一同分享自己喜悦的喜事吗？正心、正念、正行所散发出的生命磁场正能量使心气扬而感召欢喜的事情发生。

逢年过节以及平时父母长辈带上晚辈子孙去走亲访友，让晚辈认识长辈亲戚以及父母长辈的老朋友，还有自己的朋友、伙伴、同学、同事有空也可以相约聚一聚，这样就会人缘好，人气旺，心气扬。人缘来往多了也能增长见识，扩大心胸格局、开阔视野。

第四仪：一家人定期聚餐——培养智德。

聚餐代表家里有人气，聚人就是聚财富。一家人有固定的聚餐习惯和时间，人气旺，人的心情就会越发愉悦！家人围坐在一起交流谈心，让亲情在每个人心中流转，思维碰撞产生智慧，用智慧去创造财富，这就是智德的作用。

人以五谷为养。五谷吸收天地日月、山川大泽之精华灵气会聚于谷粒中。一家人在家聚餐吃晚饭，感受其乐融融的家庭氛围，吃得开心，食物营养消化吸收得好，除了保障人体正常机能运作所需的营养还仍有盈余，多出的水谷精微就会存储到肾脏，作为生命能量储备起来。肾气足肾水充盈，我们的想象力、创造力等脑力潜能就会提升，文案灵感、商业点子、财富管道就会灵机涌现，反应能力、处理事情的能力就得以快速提升。

第五仪：在墙上挂老照片——培养信德。

在家里墙上挂老照片，缅怀纪念先辈祖辈，不忘祖先恩德功绩，铭记并传承发扬祖先优良传统美德。感恩祖宗，连根养根，根深德厚，厚德载福。把祖先的美德通过自身的修养德化而显达彰显，福泽子孙，代代传承。

家立五仪，立规矩成方圆，挂老照片感恩德，常聚餐亲情浓家族旺，礼相待人缘好，扫环境清心灵！五德修身，兴家旺族，家国兴旺！

家风是给家人树立的价值准则，是建立在中华文化之根上的集体认同。广西鹿寨县平山镇青山村堡底屯新农人吴大广很自豪地给笔者讲述了他们吴氏家族朴实善良的家规家训。

【案例十】吴氏家训传百年，历代人才相辈出

广西鹿寨县平山镇青山村堡底屯吴氏家族，自古以来重视家风教育，一直坚守"教家即以教国"的信念，传了吴氏一千余年的优良家训家规对族人要求甚严，因此族人团结和睦、遵规守矩、讲究礼仪、勤俭持家，村屯文化底蕴极其深厚。

广西鹿寨县平山镇青山村堡底屯的吴氏家训家规

　　吴氏家训家规中的"人无论贫富，总要子孙贤肖，人无论智愚，总要教之诗书"颇有孔子"诗礼传家"的风范，"守望相助、贫富相斯"也蕴含着"仁、义、礼、智、信"五德。

广西鹿寨县平山镇青山村堡底屯吴氏村民家中悬挂的家训家规

　　堡底屯的优良家风传承久远，村庄历代名人对家风教育均有良好的传承。清康熙年间昭勇将军建村始祖吴祖胤、乾隆年间武举人吴元鸿、嘉庆年间文举人吴元凤、光绪年间进士吴振钟等先辈均留下了其对子孙教育的优良祖训。"宗祖尚留余地步，子孙勉做好人家"，这副代代相传的对联是历代先辈传承优良家风最真实的写照。

在良好的家风教育和严格的家规管理下，堡底屯建村以来一直人才辈出、文人甚多，为远近闻名的老文明村。据堡底屯族谱及相关资料不完整记载，该屯清朝曾出过 2 名进士、2 名举人、16 名贡生（岁进士）、16 名国学生（监生）。堡底屯先辈曾任永宁州镇参将、武骑尉、教谕、训导、州司马、州同知、宣德郎、承务郎、修职郎、徵仕郎等职务。中华人民共和国成立以来，堡底屯大学生接连不断，在外工作的较多，共有 100 多人在国家机关单位工作，目前在职 70 多人。堡底屯吴氏家训家规在教育子孙勤奋求学、立身处世、齐家治业中发挥了重要作用，堡底屯一代代人为国家建设和发展做出了积极的贡献。

广西鹿寨县平山镇青山村堡底屯吴氏村优秀家风代表合影

2022 年 6 月 8 日，习近平在四川省眉山市三苏祠考察调研时指出，家风家教是一个家庭最宝贵的财富，是留给子孙后代最好的遗产。要推动全社会注重家庭家风家教建设，激励子孙后代增强家国情怀，努力成长为对国家、对社会有用之才。作为一名家风家教宣讲的老师，笔者自觉任重而道远，也更觉得自豪和荣光！

第二节 理想与担当

理想是对未来事物的美好想象和希望，也比喻对某事物臻于完善境界的观念，是人们在实践过程中形成的、有实现可能性的、对未来社会和自身发展的向往与追求，也是人们世界观、人生观和奋斗目标的集中体现。

《中庸》说："君子素其位而行，不愿乎其外。"孔子也说："射有似乎君子。失诸正鹄，反求诸其身。"讲的就是再美好的理想如果不去努力、不去担当也只能是空想。

"十三五"时期，中共中央办公厅、国务院办公厅印发《关于实施中华优秀传统文化传承发展工程的意见》，极大地提升了中华民族的文化认同感、归属感和凝聚力、向心力。全面建成小康社会中的"小康"概念，就出自《礼记·礼运》，是中华民族自古以来追求的理想社会状态。

习近平总书记多次将中华优秀传统文化概括为中华民族的精神命脉，是涵养社会主义核心价值观的重要源泉，也是我们在世界文化激荡中站稳脚跟的坚实根基。习近平总书记一再强调，要广泛开展理想信念教育，深化中国特色社会主义和中国梦宣传教育，弘扬民族精神和时代精神，加强爱国主义、集体主义、社会主义教育，引导人们树立正确的历史观、民族观、国家观、文化观。深入实施公民道德建设工程，推进社会公德、职业道德、家庭美德、个人品德建设，激励人们向上向善、孝老爱亲，忠于祖国、忠于人民。

按照习近平总书记的指示精神，全国各地纷纷开展各种弘扬优秀传统文化和社会主义核心价值观的系列活动，笔者也应邀开展"职业道德与职业素养""传统文化与乡村振兴"的宣讲工作，重点讲述礼、义、廉、耻、忠、孝、悌、信君子八德在家庭、社会及事业发展中的核心作用。在宣讲过程中，笔者结识了一些有理想信念，勇于担当，乐于奉献的新农人。

一、职业道德之服务质量提升

所谓职业，就是参与社会分工，利用专门的知识和技能，为社会创造物质财富和精神财富，获取合理报酬，作为物质生活来源，并满足精神需求的工作。而职业道德是同职业活动紧密联系的符合职业特点所要求的道德准则、道德情操与道德品质的总和，它既是对本职人员在职业活动中的行为标准和要求，同时也是职业对社会所负的道德责任与义务。

道德是一种社会形态，是人们共同生活及其行为的准则与规范。职业道德是所有工作岗位都要遵循的基本原则，所有人员都要履行职业本身应有的义务与责任、道德操守、奉献精神。

职业道德的高境界是爱岗敬业、乐于奉献，严格履行社会、企业、单位及个人的相关法律义务，遵守中华人民共和国有关法律制度规定，一旦个人利益与局部利益或社会利益存在矛盾或冲突，始终要将社会利益放在第一位，恪守职业道德操守与相关原则。这也是社会主义职业道德的最终目的，是所有公民都要为之奋斗的终极目标。

爱岗敬业是忠于职守的职业精神，也是职业道德的基础。爱岗就是热爱自己的工作岗位，热爱自身的本职工作，责任落实到位。敬业是用恭敬严肃的态度对待工作，赤胆忠诚，尽心尽责。

新农人也是一种职业，也有对社会所负的道德责任和义务，也要爱岗敬业。新农人通过优质的农产品服务大众，要想把产业做大做强，就必须树立以人为本、顾客至上的服务理念，根植于祖国农业的发展蓝图，在实际工作中应实干与担当。

《大学》提出明明德、亲民、止于至善的三纲领以及格物、致知、诚意、正心、修身、齐家、治国、平天下的八条目，指出实现理想的途径就是担当。君子之心，常存敬畏！

二、中华优秀传统文化中的理想与担当

儒家文化思想是中华优秀传统文化的主体与核心，它历经几千年岁月的洗礼和沉淀，经久不衰，在每个时代都发挥着不同的作用。儒家"仁者爱人"的厚德精神以"润物细无声"的形式渗入到每个中国人的思想里，净化和启迪着人们的思想，影响着一代又一代的华夏儿女，在当今社会中也起着不可或缺、不可替代的作用。儒家"内圣外王"的尚德精神强调将个人修养释放出来，勇于担当，服务于社会，贡献于国家，从而实现修身、齐家、治国、平天下的人生理想和远大抱负。

中华民族世代相传的伏羲继天立极、一画开天，演八卦、造书契、结网罟、取火种、定历度、制娶嫁、创瑟乐，开创了华夏文明，创造了以"先天易学"为核心的伏羲文化，因此说易学是万学之源。正如《周易·系辞》所说："《易》之为书也，广大悉备。有天道焉，有人道焉，有地道焉。"

中国儒家道德发展历程经过了四维、五伦、五常、八德，现在凝练成为我们的社会主义核心价值观：富强、民主、文明、和谐、自由、平等、公正、法治、爱国、敬业、诚信、友善。社会主义核心价值观乃有源之水、有本之木，道德与文化两者存在着相互影响、相互推进、相辅相成的关系，因此我们可以自豪地提倡我们的文化自信。

（一）四维——礼、义、廉、耻

《管子·牧民》曰："何谓四维？一曰礼；二曰义；三曰廉；四曰耻。""礼"是天地生化的要求。《周易·序卦传》记载："有天地然后有万物，有万物然后有男女，有男女然后有夫妇，有夫妇然后有父子，有父子然后有君臣，有君臣然后有上下，有上下然后礼仪有错。"

古代礼在《礼记》中记载有经礼三百，曲礼三千，包括祭祀典礼、宾客之礼、婚娶之礼、成年礼等，所涉及的范围非常广泛，几乎渗透于古代社会的各个方面，

这样的灿烂文化使中华被世人称为"文明古国、礼仪之邦"。

笔者授课所用礼、义、廉、耻示意图

"仁德"作为五德之首，始终贯穿着整个儒学体系。《孟子》曰："恻隐之心，人皆有之。""恻隐之心，仁也。"孔子说："志士仁人，无求生以害仁，有杀身以成仁。"先有仁后有义，义是仁的外在行为表现，义是符合仁道、真相、真理、公理、道理、规定、制度、约定的行为，仁在内义在外。《礼记》曰："何谓人义？父慈、子孝、兄良、弟悌、夫义、妇听、长惠、幼顺、君仁、臣忠十者，谓之人义。"

"廉"即"清廉"，最早出现在战国时期伟大的诗人屈原的《楚辞·招魂》中："朕幼清以廉洁兮，身服义尔未沫。"清廉，不贪取不应得的钱财；洁是洁白，指人生光明磊落的态度。廉洁即做人要有清清白白的行为和光明磊落的态度。陶渊明是我国历史上著名的田园诗人，他创作的许多以自然景物和农村生活为题材的作品，与他的廉洁经历和处境有密切的关系。

"耻"即羞耻之心，《论语》有言："行己有耻。"孟子曰："耻之于人大矣。"知耻是保全人心念、行为不离正道的护栏。因此，耻可以全人之德。历史上有许多知耻为勇的代表人物。

屈原无法忍受国土衰败、国君沦为阶下囚的耻辱，大义凛然，投身江河，司马迁称赞他："虽与日月争光可也。"王国维在遗书中写道："五十之年，只欠一死，经此世变，义无再辱。"这是他耻辱之心的最好体现。现代新儒家代表人物梁漱溟的父亲梁济说："国性不存，国将不国。必自我一人殉之，而后让国人共知国性乃立国之必要……我之死，非仅眷恋旧也，并将唤起新也。"这是知识分子知耻后的大义大勇。

（二）"五伦"——五种人伦关系和言行准则

古代中国的五种人伦关系为父子有亲、君臣有义、夫妇有别、长幼有序、朋友有信。

父子有亲指的是为人父母爱子女，子女也爱父母，这是自然的亲情，人性的自然表现。亲子之间是最亲密的人际关系之一，父母慈爱教导子女，子女顺从、孝敬父母，自然的亲情才能够维系。因此，顺着父子有亲这一人伦之道，提出了"父慈子孝"的德行要求，也就是父母要慈爱教导儿女，儿女要孝敬父母。

五种人伦关系示意图

"君臣有义"，可以用《孟子》中的话来解释："君之视臣如手足，则臣视君如腹心。"领导者把下属当成自己手足一样加以关爱，下属把领导者视作自己的长辈，更加地关爱、重视领导者，并加倍地给予回馈。上下级之间互相感恩、互相协助、互相合作，以"义"相处。"义者，宜也"，这个"义"和适宜的"宜"是相通的。做领导的和被领导的各尽本分、各守其责，关系就能处理好。

"夫妇有别"，孟子用"别"字为夫妻定下不同的分工。夫妇是人伦关系的起点，因家庭角色的不同而分工合作。俗语说"男女搭配，干活不累"，正是指男女分工，齐心协力的意思。

"长幼有序"，指的是年长者和年幼者之间的先后尊卑。尊老爱幼是中华文明传统美德，著名的经典故事《孔融让梨》中，孔融得益于良好的家教，从小懂得兄弟姐妹相互礼让的传统美德，他的谦让为"长幼有序"提供了良好的典范，这一精神美德流传至今。

"朋友有信"，即是朋友之间相互信任，真诚对待。一个人不讲信用，就无法立足于社会。《论语》有言："曾子曰：'吾日三省吾身：为人谋而不忠乎？与朋友交而不信乎？传不习乎？'"真诚、讲信用是交往的基本要求，信任包含委托的意思，而委托或者托付、嘱咐等总是对一件事情而言的，办完某件事，表明信任活动结束了，下一次信任等着下一个委托的开始，信任需要一次一次地积累来建立。

（三）五常——仁、义、礼、智、信

"五常"包含"四维"的"礼""义"，是用以调整、规范人伦关系的行为准则。

"仁"最早源于春秋晚期的侯马盟书，意思是对人友善、相亲，后来延伸为广泛的道德范畴，如儒家提倡"仁爱""仁政"等。《礼记·中庸》曰："仁者人也，亲亲为大。"《论语·颜渊》曰："樊迟问仁。子曰：'爱人'。"《墨子·经说下》曰："仁，仁爱也。"

仁爱是《论语》的核心思想，包含三大层次：以家庭为体系的爱、以社会为体系的爱、以宇宙为体系的爱。这三个体系的爱相互联系，有共同的哲学基础。"仁"是孔子思想的核心，更是中国伦理学说的根本。《论语》中谈及"仁"的有58章，"仁"字出现105次。

"智"最早出自甲骨文，本义是聪明，智力强，引申义有智慧、智谋、计谋、策略、有智慧的人等。说到"智"，不得不提一位家喻户晓的历史人物——诸葛亮。刘备三顾茅庐，请诸葛亮出山，诸葛亮用智谋，两把大火烧得曹操晕头转向。诸葛亮提议和东吴联合，舌战群儒，虽险象环生，但均在他的智谋之中。后来，智取两川，击退曹操，为刘备打下大片江山。诸葛亮南征北战，尽人事听天命，鞠躬尽瘁，死而后已，是后世忠良楷模。诸葛亮一直是智慧的化身，天文、地理、旁门左道，无不精通，虽辅佐蜀汉北伐没成功，但他的智慧与才能，无人能及。

"信"即诚信和信任。讲到"信"，《韩非子》中的曾子"杀猪示信"的故事流传至今。《韩非子·外储说左上》记载，曾子不仅非常重视诚信，还格外重视诚信教育。有一次，曾子的妻子提着菜篮子和布袋去集市买菜，曾子的儿子曾元也想去集市，但曾子的妻子让孩子在家耐心等待，等她回来杀猪吃。听罢，曾元就不哭不闹了，在家等待。过了一个时辰，曾子的妻子赶集回来，但却忘记了给曾元的承诺，并没有杀猪，曾元哭闹起来。曾子立刻叫来妻子说，帮我一起杀猪！曾子的妻急忙劝说："夫子，为何当真呢？我是哄元儿的，并不是真的想杀猪。"曾子非常严肃地说："身为人母，言而无信，非常不可取。身教重于言教，说谎是骗人骗己，怎么教育孩子成才呢？"妻子听后很惭愧，夫妻一起杀猪给孩子吃，而且宴请乡亲们，让乡亲们以身作则来教育孩子。曾子的做法也许有人认为是小题大做，但他却教育出诚实守信的孩子。正心诚意，也是修身、齐家、治国、平天下的基础。所以说，诚信与否是一切人生问题的根本。

（四）八德——孝悌忠信、礼义廉耻

八德是在"四维"基础上，更深一层的道德规范。

孝顺是中国千古以来的第一善，父母是生育养育孩子长大的人，没有其他任何人的恩德能比父母的恩情更为重要。古有"二十四孝"，其中积极的因素是给后代世人的警醒和榜样。孔子的学生仲由就是个大孝子，仲由生性孝顺。仲由家境贫苦，为孝敬父母，常从百里之外的地方背米回来供养父母。仲由父母去世后，他随孔子周游列国时，在楚国面对美味佳肴，回忆起昔日生活之苦，思念其父母，不忘父母恩德。

悌，指敬爱兄长，顺从兄长。常与"孝"并列，称为"孝悌"。儒家非常重视"孝悌"，把它看作是实行"仁"的根本条件。《论语·学而》中曰："其为人也孝悌，而好犯上者鲜矣。不好犯上，而好作乱者，未之有也。君子务本，本立而道生。"《孟子·滕文公下》云："于此人有焉，入则孝，出则悌。"在家孝敬父母，在外敬爱兄弟，能够养成仁爱谦让、团结讲义气的品格。兄弟姐妹本是同根生，因此要团结亲近，互相照顾，互相尊敬，肝胆相照，心照不宣。

八德是四维、五常的延伸，深入扩展出了"孝悌"这两大德，更丰富其内涵精髓，形成了完善的道德规范体系。

我们的老祖宗非常聪慧，他们把八德刻在钱币上，让它在市面上流通，人们每用一次，就相当于接受了一次道德的洗礼，久而久之，君子八德就根深蒂固地长在老百姓的思想里，贯穿于老百姓的日常生活里。

印着君子八德的铜钱

三、传统文化中的君子品德

《周易》有云："天行健，君子以自强不息，地势坤，君子以厚德载物。"讲的就是宇宙不停运转，君子应效法天地，永远不断地进取，大地气势宽厚和顺，君子应增厚美德，容载世间万物。

在广西金粮农牧有限公司的兴业栖雁庄园，笔者看到了会飞的鸭，结识了黄丽萍这样一位拥有勇于担当、"厚德载物"品质的绿色养鸭新农人。

【案例十一】"厚德载物"，品牌和效益双丰收

黄丽萍在玉林市富硒泉家庭农场，以科技新技术为突破，实现工厂化生产管理，把最初级的农场产品做精、做细，做良心企业，2017年被评选为广西示范性农场。自2019年底以来，她勇于担当，生产有质量、有内容、有文化、有故事、有附加值的精品、养生食品、纪念品，实现了品牌和效益的双丰收！

黄丽萍在玉林市商务学校攻读的专业是经营与管理，2005年，受家族影响，她开始从事家禽疫病防治、禽药研发，总结出了一套可行的绿色养殖技术和管理办法。近年来致力田鸭、番鸭养殖及销售，并以自己所学所懂及自身的一些资源带动周边的农民及养殖户，发展生态立体养殖田鸭、番鸭产业。

富硒泉家庭农场根据地势、面积规划，其中中药材种植区种有茶辣子55亩，还建有育雏舍和鸭舍4个、鱼塘25亩。中药材种植和养鱼主要是为了处理鸭粪，鸭粪经过生物发酵喂鱼或作为药材的有机肥料，实现全场零排放，实现真正的绿色立体循环农场。

2019年底，在黄丽萍还没完善好产品包装时，新冠病毒感染的肺炎疫情开始爆发，先是活禽市场全面休市，收了订金的肉鸭被暂停收购，紧接着全国范围的鸭苗订单全部退货。鸭蛋收购价每千克仅5.0～7.2元。庆幸的是，她春节放假前提前预订了上百吨饲料，鸭子没有断粮。很多同行因没备有饲料而恐慌，疫情期间由于各种不明原因出现大规模倒苗、廉价出货，她卖到湖南、江西的鸭苗也因疫情而搁置，因先前预留的两个后备基地能容十万鸭苗，所以她的鸭苗还能存活下来，这就有缓冲的机会。可是春节前后出栏的大鸭子卖不出去怎么办，每天吃好几千元饲料，还要养到什么时候，收购商也没办法。鸭子该何去何从，鸭蛋越来越多不知如何是好！

夜晚无人行走的大街畅通无阻，农场到家平时55分钟的车程，她当时只用了30分钟，街上绝大部分商店大门紧闭！只有超市排着长队疯狂地抢购大米、生鲜蔬菜，放眼过去货架都被买空了。想到人们焦虑的眼神，黄丽萍突然灵光一闪，出路找到了！必须马上改变销售策略，不能等别人来收购产品，不能光靠外

省的渠道！远水救不了近火，也要为本地提供安全放心的绿色产品。她记得多年前和超市的主管有过一次业务洽谈，超市主管当时给她发了一张名片，翻箱倒柜找到了名片。第二天一大早她就直接打电话给超市主管，说明有很多自产鲜活农产品，超市主管非常高兴，因为目前他们几十个连锁超市严重短缺生鲜农产品，外省产品进不来，让黄丽萍马上给他们30多家门店送货，当天鸭蛋出货60件。当天超市主管组织连锁店接龙，一小时2千只鸭子接龙成交。

由于产品质量好，第二天有几个社区的团长主动联系黄丽萍要货。原来走不出去的鸭子和鸭蛋，很快就全部卖完了。原以为要申告破产，谁知柳暗花明又一村，商机真的无处不在！人的智慧是逼出来的，只要敢于突破意识边界，原来市场就在眼前，她找到了一条本地渠道。

没有想过用这种渠道居然有这样的销售速度，真是颠覆了黄丽萍传统的模式和思想。经过这次事情，黄丽萍更深刻地认识到：只要勇于担当，做良心企业，产品质量过硬，销售速度和利润就会得到提高。在别人居家抗疫期间，黄丽萍一天都没有停下来，收获满满，品牌和效益双丰收！

勃勃生机的鸭子

黄丽萍的畅销产品

黄丽萍说她很幸运能参加政府组织的各种学习、培训，不仅聆听了各个领域的专家教授非常精彩的授课，还到全国先进省区观摩研修。在这几年的学习培训中，她的收获非常大，从观念、态度、眼界等方面改变了之前的小农意识，她深感现代农业和高科技农业才是出路。

黄丽萍感恩国家对新农人的重视及寄予的厚望，觉得自己责任重大，她表示会严格执行国家标准，生产出高品质、绿色安全的食品，做个懂技术、善经营、会管理的新农人，带动更多贫困农民改变思想、观念，运用新技术、新管理，脱贫致富，共同过上富足美好的小康生活！

第三节　诚信与效益

2018 年 8 月 21 ~ 22 日，习近平总书记在全国宣传思想工作会议上强调，中华优秀传统文化是中华民族的文化根脉，其蕴含的思想观念、人文精神、道德规范，不仅是我们中国人思想和精神的内核，对解决人类问题也有重要价值。要把优秀传统文化的精神标识提炼出来、展示出来，把优秀传统文化中具有当代价值、世界意义的文化精髓提炼出来、展示出来。当今世界正经历"百年未有之大变局"，中国奇迹令世界舞台期待中国智慧和中国方案，这是弘扬中华优秀传统文化的契机。当好传统文化的守护者和传播者，应是每个中国人在新时代的神圣使命。

诚信是中华民族的传统美德，是做人的基础，受到中国历代古圣先贤的推崇，小到做事，大到治国都离不开诚信。大家都听说过"半部《论语》治天下"这一美谈，可见《论语》对"信"有很深刻的阐述。

"人而无信，不知其可也"，是习近平总书记在中央党校县委书记研修班学员座谈会上的讲话中引用的，出自《论语·为政》，原文是："子曰：人而无信，不知其可也。大车无輗，小车无軏，其何以行之哉？"用现在的话来说就是人要是不讲信用，是根本不可以的，就像大车没有了輗，小车没有了軏，它靠什么行走。

"輗"和"軏"是古代车子上连接车辕和车轭的插销，大车的叫"輗"，小车的叫"軏"。没有輗和軏，车子是不能行走的，孔子用"大车无輗，小车无軏"形容一个没有信用的人，在社会上无法立足，无法成事。在《论语》中，"信"字共出现了 38 次，用在"诚实不欺"这个意义上的有 24 次。诚信不仅是立人之本，也是立国之本。《论语》记载，子贡问政，子曰："足食，足兵，民信之矣。"子贡曰："必不得已而去，于斯三者何先？"曰："去兵。"子贡曰："必不得已而去，于斯二者何先？"曰："去食。自古皆有死，民无信不立。"用现在的话来说就是一个政权即使经济发展得不错，武力也强大，但如果失去了民心，失去了老百姓的信任，就失去了合法性，迟早还是会崩溃，所以说信是立国之本。

中国还有句家喻户晓的俗语——"精诚所至，金石为开"。"诚"由"言"字旁加上"成"而构成，寓意人们通过言语表达内心想说的话。如果心口一致，可以让心中的愿望、想法、事情达成，最终得到想要的结果。

"成"，是城门的门扣（"叩"的右边出头）加上"戈"字。意思是守城的士兵手持金戈（类似于长矛金枪的兵器）镇守城门（象形"叩"字的右边出头代指门扣，实质指的是城门，以小喻大）。

"诚"的含义不言而喻：如要进出城池领地的内外，经过城门的出入口，必须真实表明来意和去向，不能隐瞒，为确保双方人员往来的生命安全，其所携带财物不是欺骗和偷盗而来，避免损失。

这构成人与人来往、物与物交易所达成最初的、基础的共识。

人与人交往都是以"诚"作为基础。"诚"拆分来看，口头言语要对应内心真实的承诺，签署一系列协议文件就是这个道理。

《说文解字》对"信"的解释，会意字，左边是人，右边是言，合在一起，最初表示"一个人所说的话真实可信"，言语真实便是不虚妄、不欺妄，也就是所说的"诚实""诚信"。这样的品质在行为上表现出来，就是"讲信用"，也就是《资治通鉴》所说的"丈夫一言许人，千金不易"。

"信"是儒家五德之一，历来被认为是修身之本。"信"通常表现为讲信誉、守信用、重承诺，以信用取信于他人给予的信任，从而获得社会的普遍信任。

党和国家的一系列惠农政策实施以来，新农人开办的企业发展越来越大，越来越好，有学员问："传统文化能助力现在企业的发展吗？"笔者很肯定地回答："传承传统文化，就一定会实现企业发展力、营销力、影响力、变现力、增值力五大绩效的全面提升！"

一、传承国学经典，遇见美好人生——让诚信的能量温暖彼此

（一）领悟诚信是中国传统文化一脉相承的主题

一个人最有价值的品性就是诚信，值得信任！透支什么都不能透支信用。透支了体力，休息一下总会恢复，透支了金钱，开源节流总会盈余。但一旦透支了信用，花再大的力气、再多的金钱，也换不回别人信任。

（二）凭借"诚信"树立自己的人格魅力

《道德经》曰："轻诺必寡信，多易必多难。"古代君子讲究"敏于行而讷于言"，讲的就是君子知道成事不易，不会轻易许诺。这告诫我们不能轻诺，也说明轻诺者不可多信。

一个诚实的人，做不到的事干脆不答应，以免误人误己。老子在《道德经》上说的"轻诺必寡信，多易必多难"就是提醒我们在与人交往时，切不可随意承诺，免得破坏自己的诚信和名声，得不偿失。在日常生活中不要轻易许诺任何事情，成大事者往往取决于微小的细节，我们应脚踏实地，全力以赴，去达成自己或他人心中的目标。

西晋杨泉说："以信接人，天下信人；不以信接人，妻子疑之。"意思是说以诚信来待人接物，天下的人们都会相信自己；不诚心诚意地与人相处，就连自己的妻子都会怀疑。杨泉是三国时期的哲学家、文学家，他所著的《物理论》中的这句话，阐明了人际交往的真诚原则。如果人与人之间虚情假意，没有真心，像戴着面具生活和与人交往，毫无真实可言。如果相互之间背信弃义，隐瞒欺骗，天下也不会有靠谱的生意可做，市场上缺斤少两，交换也不是等价的。人与人之间没有真诚，答应的事情做不到，那以后谁还敢与其共事，哪里还会有进一步合作的机会。因此真诚必须是人际交往的基本原则。

"得黄金百斤，不如得季布一诺。"此语出自《史记·季布栾市列传》。此话的意思是，得到一百两的黄金，也不如得到季布这名信义大将的一句承诺值钱。季布是项羽的将领之一，西汉初时被封为中郎将，他极其重视信义，闻名遐迩，因此古人把"季布一诺"看得比黄金还要贵重。这句话说明信义的可贵，也同时用以赞扬恪守信用的人。所以人要信守诺言，对自己所说出的话要敢于负责。

二、传承东方智慧，遇见幸福人生——让绩效的能量点亮未来

（一）太极生两仪

《易传》中关于宇宙生成的模式是朴素简单的，从日月星辰和四季轮回中感受自然规律的存在。《易传》认为，太极生两仪（即阴阳），一切事物的形成和变化都是由阴阳、刚柔、动静对立面的消长、交感、相摩、相荡所引起的，即"一阴一阳之谓道""刚柔相推而生变化"，传统的二十四节气、七十二候均出于此。直至现在，二十四节气、七十二候还在指导着农业生产。分了阴阳，我们的祖先还把它变成一个多块面的动态结构，分出了八卦，又从八卦衍生出了六十四卦。

《易经》第六十一卦："中孚：豚鱼吉。利涉大川，利贞。""豚鱼吉"意为诚信之德能够感动豚鱼这类的小物，那天下还有什么不能感动。《象传》解释道：中孚卦讲的就是心中诚信，说的是君子心怀柔顺至诚，刚健中正，和悦谦逊，运用诚信使邦国得到教化，喻示诚信之德可以广施世间万物，可以跋涉山川和渡过大河，自然获得吉祥，具备这种诚信之德自然无往而不胜。

"信"和"诚"落实在人的行为上就要求"忠"和"孝"，诚信和忠孝一脉相承，这就构成了中国文化的根基——诚信文化。

（二）传统文化构建企业完整的绩效模型

儒家文化以"易理"演绎天、地、人三才之德的本源及流行。认为由天而人，人应合天，因此天人是合一的。从孔子和孟子立"天心为仁"起，经过荀子、董仲舒、周敦颐、张载、朱熹、王阳明等历代圣贤从感性到理性的认知超越，从本体论、构成论、生发论的角度，全面系统地演绎了儒家仁、义、礼、智、信五德修养和践行的合法性和合理性，自古以来也一直是成功人士的道德标准和行为准则。

（1）传统文化中仁、义、礼、智、信五德在企业的生发模式。"诚信"在中位，是企业最基本的必备品质。由诚信延伸出来的四象，即"仁、义、礼、智"四个维度，也是五德的向外体现，向外运用，运用就会产生现实价值。企业内在的五德转化出来的能量越大越稳定，企业所产生的效益就越大。如果企业只是追求某一两个方面，则效益就不大。如果把仁、义、礼、智、信发挥到最大，合在一起转化出来的企业效益才是最大化的。

（2）五德中的仁、义、礼、智、信对应着企业的发展力、营销力、影响力、变现力及增值力。诚信如何转化为效益，企业完整的效益结构包含有什么？

"仁"德代表生发，是企业可持续发展的能力；"义"德代表企业与市场沟通的能力，是企业销售的能力；"礼"德代表企业的价值、对外界的影响能力；"智"德代表财富，是企业产品变现的能力；"信"德代表企业运化的能力和企业内部的增值力，帮助企业积累信誉，更是其他四种能量的基础。五德转化出的五种能力是企业与外界换回效益的基础模型，在内是诚信，在外就是效益，正所谓内圣才能外王。

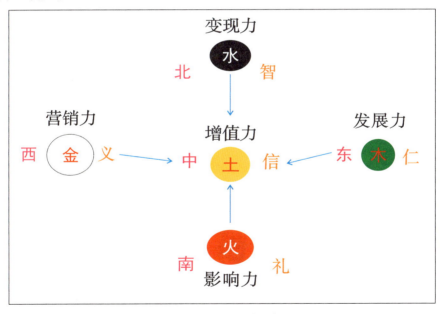

五德转化为企业绩效示意图

（3）诚信文化创建企业的"五大效益"。发展力、营销力、影响力、变现力、增值力同构形成企业绩效的叠加式增长、几何裂变式增长。

"仁"德承载着企业的专注力、可持续发展的能力，即所谓的仁者寿。"义"德承载着企业的沟通力，构建着市场的消费渠道。最后要产生交易，靠的是市场影响力和技术引领力。一个企业站的维度越高，沟通效率就越高。"礼"德代表照亮和引领，代表一个企业是否能走在商业、科技、社会发展、消费需求的最前端，是否能引领此行业不断前进。"智"德代表企业的市场价值，承载着创造财富的能力。"信"德承载着企业的增值力，也是企业发展的根基，社会需要诚信企业。

财富效益是仁、义、礼、智、信能量的叠加所产生的，而不是单一的产品能力。这就是五德能量的向外体现，五德能量产生现实价值。企业内在的五德能量散发出来的价值越大、越稳定，企业所产生的效益就越大。如果企业只是追求某一两个方面的发展，则效益不大。如果把仁、义、礼、智、信五德的能量发挥到最大，形成了诚信企业的品牌效应，那无疑该企业的效益一定会最大化。

【案例十二】自强不息的创新创业"金色"典范

蒋爱明自强不息，热爱传统文化，是一位在实际工作生活中践行仁、义、礼、智、信五德的创新创业典范。他创办了桂林原心达生物科技有限公司、桂林三槐堂科技产业集团有限公司，他带领的公司团队用金槐花蕊研发金槐花系列产品获多项发明专利。2020年，他带领公司协助当地政府，捐赠额温枪、口罩等抗疫物资，同时创办全州原心达医疗科技有限公司，为抗击新冠病毒感染的肺炎疫情做出突出贡献，被评为2020年桂林市政协系统抗疫先进个人和全州县优秀政协委员。

他还积极参与脱贫攻坚，为家乡农产品代言，被评为2020年"党旗领航·电商扶贫　我为家乡代言"桂林市（金槐茶）优秀代言人，极大地扩大了金槐茶的市场影响力。2020年，他参加清华大学乡村振兴领头雁计划，并成为全国28名学员导师之一。

蒋爱明在金槐种植基地

蒋爱明出生于广西全州县，1998～2015年在广东创办工厂，在全州县委提出"我是全州人，多为家乡作贡献"的号召下，放弃广东企业，回到家乡全州自主创业，成立了桂林原心达生物科技有限公司、桂林三槐堂科技产业集团有限公司。

槐树又名国槐、中国槐、白槐、家槐等，为豆科槐属多年生落叶乔木，是一种集材用、药用、食用、观赏于一体的优良树种。槐树的实用功能主要体现于可作为燃料（枝、干、叶）、食物（果实、叶）、医药（果实、花）、颜料（花）和用材（树干）等。又因其树干高大，树叶浓密，常栽在道路两侧、庭院之中，取其阴凉之效，从先秦时代起便成为重要的行道树。

2016年以来，因芦丁价格大幅下降，金槐销售成为市场痛点，大量金槐被破伐。为保护金槐产业，蒋爱明带领公司团队另辟蹊径，将全州的优质金槐用于食品、饮品的研发，成功开发金槐茶等系列产品。他刻苦钻研、勇于创新、追求卓越，致力于金槐茶系列产品研发生产，带领公司先后获得了"金槐的栽培方法（专利号 ZL201711152194.7）""一种茶叶检测装置（专利号 ZL201610932480.4）""一种降低辐射危害的保健茶及其制备方法（专利号 ZL201310522754.9）"等多项发明专利证书和商标。目前已在全州镇、两河镇等多个乡镇建设4000多亩金槐基地、高标准生产加工车间4000多平方米，先后成为自治区龙头企业、国家高新技术企业及规模以上企业。公司引进国内外先进技术，将传统工艺与现代科技相结合，实现产品有标准，管理有制度，操作有规程，过程有记录，逆向可追踪，产品可召回，实现年产金槐5000吨、收入20000万元。

蒋爱明在金槐种植基地

蒋爱明发明的金槐茶

2021年，蒋爱明代表公司发起组建"全州金槐产业协会"（协会成员96人，金槐种植面积6.2万亩），坚持"诚信、合作、共赢"经营理念，在农业产业化经营过程中，以科技为支撑，合作社为基础，基地为阵地，农民为员工，采用"公司＋示范基地＋合作社＋农户"经营模式，提高当地金槐种植技术水平，助推金槐产业化发展。他充分发挥企业带头示范作用，带动当地群众发展优质金槐种植，优化当地金槐产业结构，使产业成为全州农村经济发展的重要支柱产业。

蒋爱明和他的金槐产业核心示范区

蒋爱明通过基地直接带动 368 户农户发展金槐种植，带动年均增加纯收入7800 元 / 户，安置农村劳动力 62 人，年均收入 2 万元 / 人，为推进脱贫攻坚与乡村振兴有机衔接做出了贡献。蒋爱明还利用自己的各种资源，与国内多家药材商家、药厂建立了意向合作关系，为正常开展金槐购销经营业务打下了良好的基础，并利用互联网和电商平台建设自有商城。与广西壮族自治区中国科学院广西植物研究所研究员史艳财博士合作成立博士工作站，发起创建"全州金槐产业协会"，带动和培养出一批具有社会担当和时代使命感的现代有志青年种植户。

蒋爱明还组织公司员工开展公益活动，多次为抗洪救灾捐款捐物，坚持每年看望慰问贫困户、孤寡老人以及失学儿童。他不断进取、自强不息，积极创新，被评为 2021 年"科创中国·广西"企业创新达人。他代表公司参赛演讲，获得2021 年"第二届广西农民工创业大赛决赛一等奖"和 2020 年首届"漓峰杯"创业大赛三等奖；带领广大金槐种植户脱贫增收致富，2021 年底发起筹备全州金槐产业协会，并任筹备会会长；2022 年当选为全州商会副会长。

后 记

让心花盛开

历时两年，不断地学习和探索，不断地走进中国新农人的生活与事业，不断地用心去触碰一位位新农人的灵魂与愿景，终于就要为本书的创作画上一个句号了，才发现，为《新农人智慧与素养》这本书画上这个句号是多么的不容易！

要为中国新农人写本书，要借中国新农人实践出来的伟大智慧和开创精神去唤醒更多新农人，这对笔者来说是一个神圣的工作。

一路历经艰辛、笔耕不辍，走到了今天，笔者感受到了自己的力不从心，但是，那一张张中国新农人充满自信的笑脸，也让我感受到了一朵神圣的心花，正在自己的心中盛开！

感恩这个伟大的时代，感恩中国的新农人，感谢给予我勇气和信心的家人们、老师们、朋友们！